barre au sol diet

JUN TAKEDA

1日10分でやせられる
バーオソル・ダイエットDVD BOOK
— バレエダンサーのしなやかな身体の秘密 —

竹田 純

講談社

contents

profile

竹田 純　Jun Takeda

1982年9月21日、静岡県生まれ。'99年、バレエを始める。'00年4月から東京バレエ団に所属、'03年に渡仏。4年間、パリのバレエ学校で学ぶ。その後、数々の欧州各国のバレエ団に所属し、'09年に帰国。現在は、バーオソルとバレエの講師として月200人以上のレッスンを行うかたわら、多くの公演に出演。その他、ショーモデルとしてパリ・コレクションに出演するなど幅広い分野で活躍している。

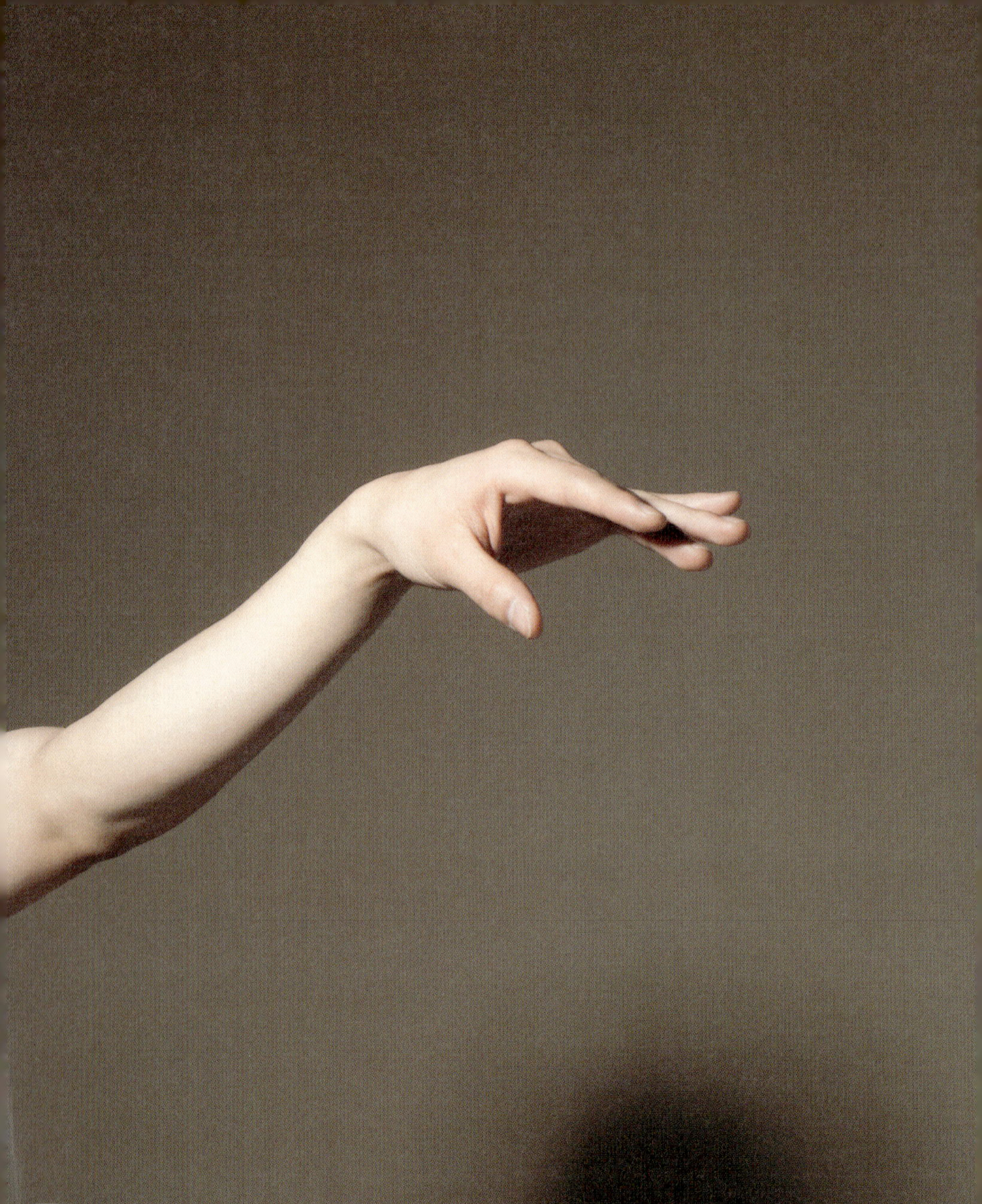

Prologue

バーオソルとは――

全世界のバレエダンサーを始め、ダイエットを志す人々に広く実践されているバーオソル。まずは、そのしくみを知りましょう。

誕生してから長らく、バーオソルは
バレエダンサーのための基礎レッスンでした。

身体の奥底に眠る深層筋を鍛えることで
メリハリのある女性らしい身体をつくります。

床の上で自分の体重を利用しながら行うため
誰でも無理なく継続できるのがメリット。

毎日少しずつ、でも確実に、
バーオソルでバレエダンサーのようなしなやかな身体へ——

バーオソルでつくられる
「理想の身体」とは？

なぜバーオソルを実践しているバレエダンサーの身体がしなやかで美しいのか。その秘密は、身体の奥底に眠る「深層筋」にありました。

01. メリハリのある
しなやかなラインを重視

02. 目に見えない深層筋を鍛えて
脂肪をそぎ落とす

03.「全身をバランス良く」
シェイプする

au sol diet

「深層筋」を目覚めさせ、もっとスリムに美しく！

フランス語で「床の上でのバーレッスン」を意味する通り、もともとはバレエダンサーのために考案されたバーオソル。ここでつくられるのは、ボディビルダーのような盛り上がった筋肉がついた身体ではなく、女性らしいメリハリのある「しなやかな身体」です。その秘密は、アプローチする筋肉の種類にあります。

バーオソルで鍛えるのは、身体の内側にある柔軟性の高い深層筋（インナーマッスル）です。深層筋とは、骨に近い部分にあるすべての筋肉の総称で、姿勢を美しく保つ、関節の柔軟性を高める、代謝を促進するといった役割があります。

これまでバレエダンサーだけが行っていたバーオソルも、ここ数年ではバレエの本場であるパリを始め、ニューヨークや日本でも、大きな効果をもたらすダイエットメソッドとして注目が集まっています。

バーオソルで深層筋が強化されれば代謝が活発になり、ダイエットはもちろん、脂肪のもととなる老廃物を溜め込まない「やせやすい体質」にもなれます。

ダイエット中は、どうしても体重や気になる部位にとらわれがちですが、まずは全身をくまなく刺激し、眠っている深層筋を目覚めさせましょう。

そうすれば、あなたもバレエダンサーのようなしなやかで美しい身体を手に入れられるはずです。

barre

すべてのメソッドのベースになる
バーオソルの基本姿勢

バーオソルは、正しい姿勢を学ぶところから始まります。刺激する深層筋を強く意識することで、より高い引き締め効果が得られます。

座る

床に座り、両腕を後ろに伸ばします。この時、腕に体重がかからないよう、両手は軽く指先をつける程度に。腹筋・おしり・内ももに力を入れ、背筋をまっすぐに伸ばしましょう。

仰向け

骨盤が床と平行になるように、背中を伸ばして横になります。両手は肩の高さで左右に広げ、脚はかかとを合わせてまっすぐに伸ばします。リラックスせず、常におしりに力を入れるのがポイント。

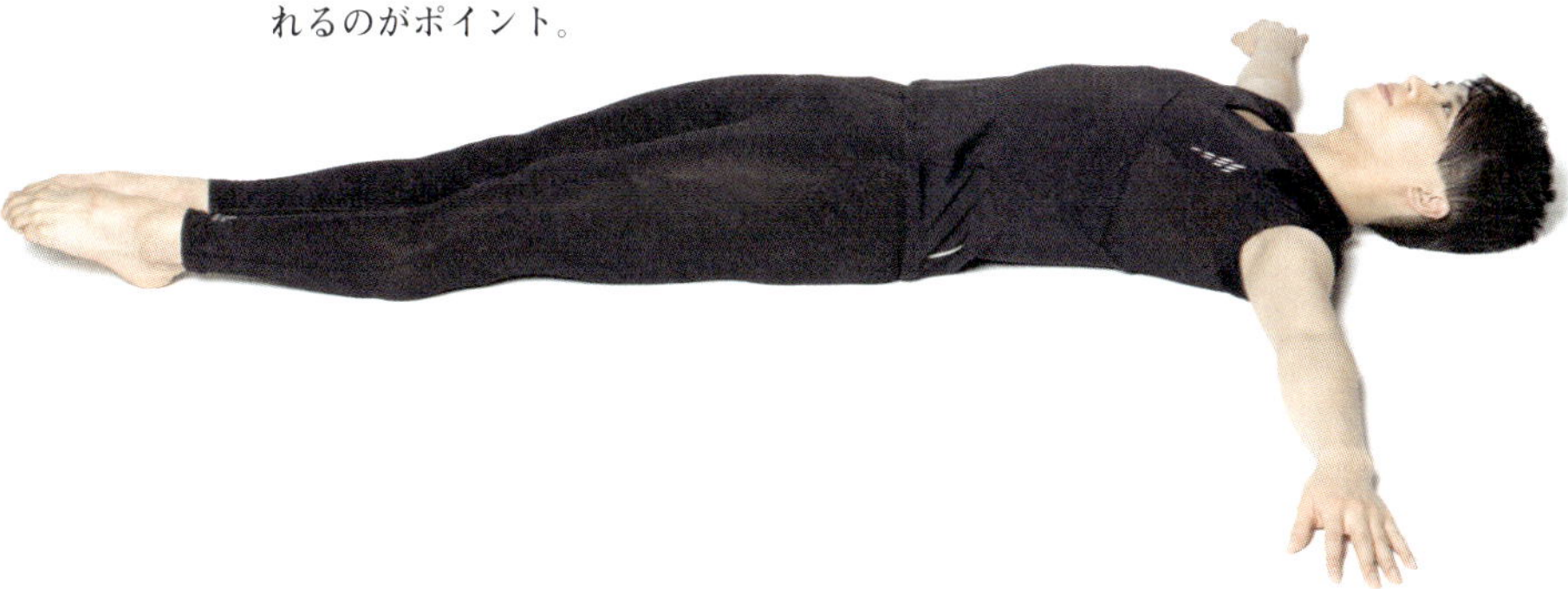

うつ伏せ

うつ伏せになったら、ひじを約90度に曲げて床につき、顔と胸を持ち上げます。この時、首はまっすぐに伸ばし、肩が上がらないように注意しましょう。両脚はかかとを揃えて、まっすぐに伸ばします。

バーオソルの効果をより引き出す
実践法とポイントをマスター

少ない運動でやせ効果を最大限に引き出したいなら、正しい実践法と気をつけるべきポイントをしっかり押さえましょう。

週3回・10分以上行うのがベスト

出来る範囲で週に3回程度、1回に10分以上行うのが理想的。これだけで十分効果があるので、無理をして毎日実践する必要はありません。

肩の力を抜いて鼻から呼吸する

肩甲骨が狭まらないように肩の力は抜き、肋骨を横に広げるイメージで鼻から息を吸います。その後、肋骨をもとに戻すイメージで鼻から息を吐きましょう。

横になれる、平らな場所で行う

大の字で横になれる程度の広さがあり、平らな場所ならばどこででも行えます。関節が痛い場合はバスタオルやヨガマットなど薄い敷物を敷きましょう。

どの筋肉を刺激していのか意識する

効果を実感するために、初心者に必要なのは、完璧なポーズを取ることではなく、どの筋肉を刺激しているのかをきちんと意識することです。

裸足ではなく靴下を履いて

足を滑らせる動きが多いので、靴下を履くのがおすすめです。服装については動きやすく、適度にフィットするなら、どんなものでもOK。

空腹時がやせるチャンス！

空腹で身体が刺激を受けやすい食間に行うと、特に高い効果が期待できます。食後30分程度は内臓に負担がかかるため、避けた方がよいでしょう。

パーソナルレッスンを体験できる DVDの使い方

基本から応用まで、一緒にバーオソルを実践できるスペシャルDVDの中身と活用法を詳しくご紹介します。今日から始めて、内側から身体を美しく変えましょう。

初心者でも一から学べる 基本メソッド

基本の動きを取り入れた、バーオソル初心者におすすめのメソッド。主に下半身の深層筋を刺激する「パラレル」、骨盤の歪みを解消する「アンドゥオール1」、脚全体をバランス良く鍛える「アンドゥオール2」、身体の中心線を強化する「アンドゥオール3」の4つから構成されています。「座る」「仰向け」「うつ伏せ」の3つの基本姿勢が一連の動作になっているので、スムーズに取り組めます。

気になる悩みを解消する 部分やせメソッド

上半身・お腹回り・下半身の各部位を集中的にシェイプアップできる12のオリジナルメソッドを収録。書籍版よりもっと手軽に取り組める新メソッドのほか、好評の定番メソッドも丁寧に詳しく解説しました。1つ2分程度なので、時間のない時は気になる部位に絞って行ったり、基本メソッドや10分のスペシャルプログラムの前後に取り入れたりと、目的に合わせてアレンジするのもおすすめです。

メインメニュー画面

4つのプログラムから バーオソルを学びましょう

このDVDは大きく4つの項目から構成されています。やりたい項目を選択するとメソッドがスタートし、終わるとメインメニュー、もしくはサブメニューに戻ります。

オープニング映像からスペシャルプログラムまでのすべてを見ることができます。

1日10分で効果を感じる スペシャルプログラム

ウォーミングアップ、基本メソッド、部分やせメソッドを10分間につめこんだ、新オールインワン・プログラム。これさえ実践すれば全身の深層筋が刺激され、しなやかなバレエダンサーのような体型を手に入れることができます。ゆっくりとしたペースで進むため、初心者や身体が硬い方でも安心して取り組めます。一日でも早く効果を実感したい場合は、週3回程度、このプログラムを続けてください。

国際的バレエダンサーの軌跡を辿る！
竹田純 HISTORY

バレエを始める前の幼少期から、バレエの本場・パリなど海外にも活動を広げる現在までを、初公開の写真も含めてご紹介します。

物静かだった幼少期

いつも姉と一緒だった２歳頃。普段は下駄を履いて遊んでいた。大人しい反面、台風後で水カサが増えている側溝に落ちるなど、母をヒヤヒヤさせる一面も。

17歳でバレエを始める

クラシックバレエに転身し、県内のバレエスタジオに通い始める。森先生のご息女であり、ミス・ユニバース世界大会優勝者である森理世さんと共演することも。

バレエを学ぶため単身パリへ旅立つ

東京バレエ団時代に芽生えた海外で踊る夢を叶えるべく、欧州各国のバレエ学校を見学し、パリの国立バレエ学校に入学を決意。高校生に交じってバレエの基礎を一から学び直す。

コンクールで入賞

フランス・ビアリッツで行われた国際バレエコンクールで銅メダルを獲得。その後、さらなる経験を積むために、バレエ団の入団オーディションを精力的に受ける。

日本で初めてバーオソルを紹介し、反響を呼ぶ

パリで学んだ基礎レッスン・バーオソルを取り入れたダイエットメソッドを書籍化。テレビほか各メディアの出演依頼が相次ぎ、忙しい毎日を送る。講師を担当するレッスンも予約が殺到。

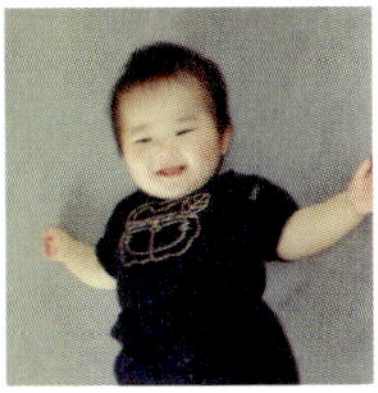

1982

静岡県に生まれる

静岡市で中華料理店を営む父、母、姉の４人家族の長男として誕生。生後１ヵ月で腸炎を患い、あと少しで入院となる一大事に。その後は大病もなく、すくすくと育つ。

1984 〜 1997

ジャズダンスを始める

テレビで見たイギリスのダンスユニット・スパイスガールズに憧れて、ダンスを始めようと決意。森育子ダンススタジオにてジャズダンスを習い始める。

1999 2000

東京バレエ団に入団

バレエを始めて約１年で日本を代表する名門･東京バレエ団に入団。総監督である佐々木忠次氏のもとで数多くの公演に出演する。この頃から海外を意識するように。

2003 2004

パリ・コレクションにショーモデルとして出演

パリの街角でスカウトされ、新鋭ブランド『BERNHARD WILLHELM』のショーモデルとしてパリ・コレに出演。'09 年、'10 年にはフィッティングモデルを務める。

2006 2007

欧州各国のバレエ団に所属

フランスを拠点に、スペイン、スロバキア、オランダなど欧州のバレエ団に所属し、各国のバレエダンサーと作品づくりに没頭。

2009

日本で活動を再開

初めてバレエレッスンの講師を担当。西島千博氏率いる『NEO BALLET』などの公演に参加するなど活動を広げる。この頃、環境が変わったストレスもあり、舞台で靭帯を３度損傷する。

2011 2012

新たな表現に挑戦！

これまでの経験を生かして、バレエのみならずモデルや新しいパフォーマンスなど、身体表現を軸にした幅広い活動を展開中！

パリ通信 with Jun

自然体のプライベートを初公開！

ここは、年に数回かならず訪れる第2の故郷。おだやかな時間が流れるパリスタイルな生活を、ちょっぴりのぞいてみませんか？

オフの日はいつも芝生で楽しくピクニック！

エッフェル塔のたもとに広がるシャン・ド・マルス公園は、パリジャンが休日を過ごす定番スポット。広くてとっても気持ちが良い所です。パリに滞在中は、毎週友人たちと芝生でピクニックをしたり、のんびりお茶をしたり。特にレッスンや仕事で忙しい時期は、ここでリラックスするのが何よりも楽しみです。

ポンヌフからセーヌ川を望むお気に入りの場所

セーヌ川に架かるポンヌフから、遠くノートルダム寺院やシャトレ、グラン・パレの街並みを眺めると、「帰ってきた」という実感がわきます。ポンヌフは、中洲であるシテ島を通ってセーヌ川の両岸を結ぶパリ最古の橋ですが、「新しい橋」という名前から当時は画期的な建造物だったのでしょう。

修行時代からの
2人の恩師

バレエとあわせてバーオソルを教えてくださった、大切なフランス人の恩師・エヴリンヌ先生（左写真）とマーク先生（右写真）。エヴリンヌ先生からはバーオソルの基本のすべてを、マーク先生からは部位別のメソッドの基礎を教わりました。おふたりに育てられた数多くのダンサーが世界中で活躍しています。

友人であり、
良きライバル！

友人のアドリアンとは、もう10年来の付き合いです。彼はパリ・オペラ座に所属している第一線のバレエダンサーで、洗練されたパフォーマンスからはいつも刺激を受けます。でも普段は気さくで親しみやすく、生活もとっても庶民的。このONとOFFのギャップが「まさにフランス人！」です。

barre au sol diet

JUN TAKEDA

Epilogue

初めてバーオソルを体験した方も、書籍版から続けて実践してくださっている方も、みなさんいかがでしたか？　バーオソルは簡単な動きに見えて全身の筋肉をくまなく使うため、初めは少し大変に感じるかもしれません。でも、続けていけば体重やボディラインに変化を感じられるはずですので、ぜひ続けてみてください。

ダイエット中は、どうしても短期間で体重を落とそうと焦りがちですが、無理をすればするほど、後からリバウンドで自分を苦しめます。ゆったりとした気持ちで、「今日はこの動きができるようになった」「体重は少ししか落ちてなくても、ウエストが少し細くなった」と、鏡の中の自分をほめてあげましょう。これが長続きさせるポイントです。

僕もバーオソルを始めたばかりの頃は、思うように身体がついていかず苦労しました。今思えば、東京バレエ団でも、その後入ったパリのバレエ学校やヨーロッパのバレエ団

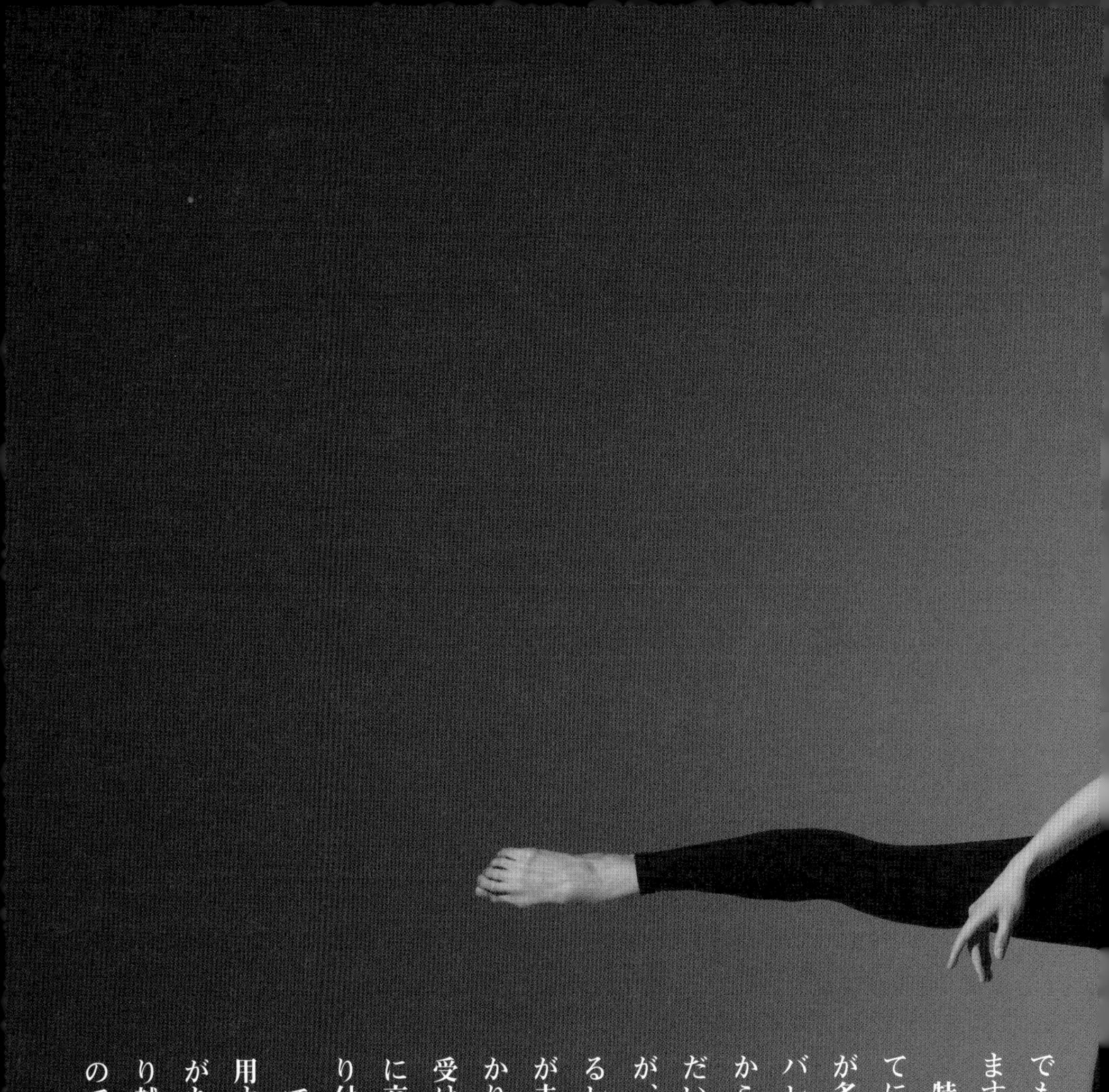

でも、度々同じ経験をしてきたように思います。

特に海外に出てからは、体型や技術のすべてにおいて、自分の実力不足を実感することが多くありました。日本にいる頃から、東京バレエ団時代の恩師である佐々木忠次さんから海外の舞台を観る機会をたくさんいただいていたため、その差は自覚していましたが、規模の大きさ、バレエ団ごとに色が異なるレパートリー、言葉や感覚の違い、すべてが未知の世界でした。バレエ学校に入ったばかりの頃も、幼い頃からバレエの英才教育を受けている周りの生徒と自分を比べ、高校生に交じっておそろいのタイツを穿いて同じ振り付けを踊るのがつらく感じました。

でも、そこで立ち上がれたのは「世界に通用するパフォーマンスを届けたい」という夢があったから。目の前に立ちはだかる壁を乗り越えるには、地道な努力を重ねるほかないのです。

あの頃の僕は、一生懸命不安と闘っていましたが、同時に夢や理想とする自分の姿へ向かって突き進む楽しさに満ち溢れていました。そのため、あえて短期間の契約を結ぶことでさまざまなバレエ団に所属する道を選びましたし、厳しいモデルの世界にも飛び込みました。そこでの経験があったからこそ、今の僕がいます。

ですからみなさんも、まずは「理想の自分」を具体的にイメージして、そこに向かって努力してください。一度や二度の失敗をおそれていては、自分を変えられません。うまくいかなくてもあきらめないハングリー精神を持ち続けましょう。そうすれば、あなたは今よりさらに輝けるはずです。

「理想の自分って？」と思った方には、2つアドバイスを。まずは「自分がこんな風になりたい」と感じる身近な人と仲良くなって、良いところをどんどん取り入れてみてください。決してすべてを真似ようと無理をした

り、「あの人はあれが出来るのに、自分は……」と落ち込んだりすることはないように。「より私らしく、美しくなるための勉強」とポジティブに考えた方が、あなたにとってプラスになります。

あとは、美しいものにどんどん触れて、感性を高めてください。芸術でも、景色でも、洋服でも構いません。そこで感動したならば、その体験が美しさを高めるあなたの財産になります。僕自身もバレエだけでなく、幅広い芸術に触れるよう、普段から心掛けています。

自分を変えるには、失敗を恐れず、新しいことにチャレンジする姿勢が一番大切です。そして勇気を出したら、そんな自分をもっともっと愛してあげてください。この本とバーオソルが、そのきっかけになることを願っています。

竹田 純

監修・出演

竹田 純　Jun Takeda

1982年9月21日、静岡県生まれ。'99年、17歳でバレエを始める。'00年4月から東京バレエ団に所属、'03年に渡仏。4年間、パリのConservatoire National de la Region de Boulogne-Billancourtでクラシックバレエ、コンテンポラリーダンスを学ぶ。

'06年のConcours International de Danse Classique de Biarritz《Pas de deux》で銅メダルを獲得。その後、フランスのリモージュ歌劇場、スペインのバルセロナDAVID-COMPOSバレエ団、スロバキア国立劇場、オランダ国立劇場など欧州各国のバレエ団で活躍。

現在は、バーオソルとバレエの講師として月200人以上のレッスンを行うかたわら、西島千博氏率いる新鋭バレエプロジェクト『NEO BALLET』等、多くの公演に出演。その他、アパレルブランド・BERNHARD WILLHELMのモデルとしてパリ・コレクションに出演するなどモデルとしても活躍している。

星 美和（ピアノ演奏）

北海道生まれ。4歳より音楽家の父からピアノを習う。釧路バレエアカデミーにてバレエを始める。洗足学園大学音楽学部卒業後、世界的バレエ教師であるブライアン・ロフタス氏のもと、イギリス各所にて研修を受ける。帰国後は、都内各所の有名バレエ団やオープンクラスにてレッスンピアニストとして活躍している。

BOOK制作

AD・デザイン／吉永祐介（solla Inc.）

企画・編集・構成／岡橋香織

撮影／江上嘉郁

ヘアメイク／伊藤三和

協力／studio ARCHITANZ

DVD制作

演出・編集／原田稔也

演出補／渡邉紳一郎

撮影／浜崎 務

池田俊巳

録音／高木西一

照明／山内 泰

選曲・整音／黒澤道雄

協力／Musical Dog Studio

studio EASE

衣装協力／kiryuyrik

DVD-Video 注意事項

・DVD-Videoは映像と音声を高密度に記憶したディスクです。DVD-Video対応プレーヤーで再生してください。DVDドライブ付きPCやゲーム機などの一部機種では再生できない場合があります。
・このディスクは特定の国や地域のみで再生できるように作成されています。したがって販売対象として表示されている国や地域以外で使用することはできません。
・このタイトルは、16:9画面サイズで収録されています。
・このディスクは家庭用鑑賞にのみご使用ください。このディスクに収録されているものの一部でも無断で複製（異なるテレビジョン方式を含む）・改変・転売・転貸・上映・放送（有線・無線）することは厳に禁止されており、違反した場合、民事上の制裁及び刑事罰の対象となることもあります。

取り扱い上のご注意
・ディスクは両面とも、指紋、汚れ、傷等をつけないようにお取り扱いください。また、ディスクに対して大きな負荷がかかると微小な反りが生じ、データの読み取りに支障をきたす場合もありますのでご注意ください。
・レーベル面の裏側には決して手を触れないでください。また粗い表面を持つものの上に、レーベル面の裏側を伏せて置かないように注意してください。
・ディスクが汚れたときには、メガネふきのような柔らかい布を軽く水で湿らせ、内側から外側に向かって放射状に軽くふき取ってください。シンナーやベンジン、レコード用クリーナー、溶剤等は使用しないでください。
・ディスクは両面とも、鉛筆、ボールペン、油性ペン等で文字や絵を書いたり、シール等を貼付したりしないでください。
・ひび割れや変形、または接着剤等で補修されたディスクは危険ですから絶対に使用しないでください。また、静電気防止剤やスプレー等の使用は、ひび割れの原因になることがあります。

保管上のご注意
・使用後は、必ずプレーヤーから取り出し、DVDブック専用ケースに納めて、直射日光のあたる所や自動車の中など、高温、多湿の場所は避けて保管してください。
・ディスクのゆがみを防ぐために、専用ケースを垂直に立てた状態で保管してください。
・ケースの上に重いものを置いたり、落下させたり、強い衝撃を与えたりすると、ケースが破損し、ケガをすることがあります。

視聴の際のご注意
・明るい部屋で、なるべくテレビ画面より離れてご覧ください。長時間続けての視聴は避け、適度に休憩をとってください。

約60min.	片面・一層	複製不能	16:9 LB	ステレオ	ALL NTSC 日本市場向	DVD VIDEO
COLOR	MPEG 2	レンタル禁止				

バーオソル・ダイエット
— バレエダンサーのしなやかな身体の秘密 —
竹田 純
barre
au
sol
diet
講談社
JUN TAKEDA

1日《にち》10分《ぷん》でやせられる

バーオソル・ダイエットDVD《ディーブイディー》 BOOK《ブック》

—バレエダンサーのしなやかな身体《からだ》の秘密《ひみつ》—

2012年4月19日　第1刷発行

監修者　竹田《たけだ》 純《じゅん》

発行者　持田克己

発行所　株式会社 講談社

〒112-8001　東京都文京区音羽2-12-21

出版部　(03) 5395-3953

販売部　(03) 5395-3606

業務部　(03) 5395-3615

印刷所・製本所　凸版印刷株式会社

ISBN978-4-06-217675-0

barre
au
sol
diet
JUN TAKEDA

ひとさじで料亭の味！

魔法の糀《こうじ》レシピ

糀屋本店
浅利妙峰

講談社

はじめに

糀《こうじ》が活躍する場をみなさんの台所に再び呼び戻したい、そう決心して糀料理講習会をはじめて開催したのが２００６年10月。それから5年の月日が流れました。ワクワクドキドキのひとときを糀と一緒に楽しむ場として多くの方々にご支援をいただき、おいしさの輪は広がっています。

みそや甘酒を作るための糀をお求めになられる方々に加えて、料理に使われる方々が、私のいる糀屋本店にもお見えになるようになりました。独身の女性や子連れの若いお母さんが次々とご来店され、これまでと違った賑わいで、創業以来の忙しさです。特に昨年末あたりから塩糀の活躍ぶりは目覚ましく、使っていただく方が増えていくスピードは私たちの想像を超えました。糀の神様方が日本の発酵食品を支える糀たちの活躍を応援し、風を送ってくださっていると思わずにはいられません。

糀は日本の発酵調味料の根っこを支えています。糀で作った塩糀や甘糀は、肉、魚、野菜などの食材と調和し、素材のおいしさやうまみを引き出してくれる魔法の調味料。和食という概念から飛び出し、洋食やイタリアン、アジア料理にも驚くほど合います。

本書では、塩糀や甘糀、甘酒をはじめ、だし糀、糀納豆といったオリジナル調味料も加え、作って楽しく食べておいしい、家族や仲間の笑顔があふれる食卓にするためのヒントをどっさり詰めました。糀の使い方はもちろん、糀の素晴らしさ、糀料理のおいしさを一人でも多くの方に知っていただけたら幸いです。

また、これまでたくさんの方々からいただきましたご厚意やご指導、ご助言に深く感謝いたしますとともに、これからも糀の活躍を応援するこうじ屋ウーマンとして、講習会やトークライブを通して全国のみなさんにお目にかかれればうれしい限りです。

こうじ屋ウーマン　浅利妙峰

目次

豚肉とじゃが芋の塩糀煮 28
脂肪を分解する作用のある糀の酵素。
かたまり肉もあっさりとした味わいです

鯛の塩糀蒸し 30
あさりの塩糀酒蒸し
糀の効果でふっくら柔らか。
蒸す時間がおいしさを作ります

クイックソーセージ 32
肉のうまみたっぷりでジューシー。
手作りソーセージが作れます

砂肝のから揚げ 34
えびのから揚げ
ささ身のから揚げ
肉や冷凍物のクセがまったく気にならない。
塩糀で作るから揚げ3種

オリーブ油塩糀のグリーンサラダ 36
さっぱりポテトサラダ
オリーブ油と塩糀の相性はぴったり。
2つのソースでサラダレシピ

炒り卵のサンドイッチ 38
塩糀を混ぜた卵は、ふんわり。
コツいらずで卵料理の達人に

甘糀&甘酒を作る 52

ほうれんそうのみそ白あえ 54
さばの煮つけ
甘糀を使うと砂糖いらず。
自然な甘みを感じる和のおかず

すき焼き 56
豚しゃぶ鍋
砂糖を使わないので、くどくない。
万人受けするごちそう鍋

三五八漬け・糀屋版 58
白菜の甘糀漬け
甘糀を使えばとっても手軽。
保存容器で作る自家製糀漬けです

甘糀シナモントースト 60
甘糀フレンチトースト
砂糖やはちみつの代わりに甘糀を使用。
甘さ控えめで上品な味わい

湯だね甘酒まんじゅう 62
湯だね甘酒パン
甘酒を使った「イースト水」で、ふっくら、もちもち。
蒸せばまんじゅう、焼けばパン

68 だし糀（ごまだし）を作る

80 糀納豆を作る

※レシピに出てくる「糀」は米糀です。
糀屋本店のもの（生糀）を使用しています。
乾燥糀を使う場合は、
同量の湯でもどしてから使ってください。
※計量単位は、カップ1＝200㎖、
大さじ1＝15㎖、小さじ1＝5㎖、1合＝180㎖です。
※ガスコンロの火加減は、
特にことわりのない場合は中火です。
※オーブンの温度、焼き時間は目安です。
機種によって違いがあるので加減してください。

糀＋αで

糀ってどんなもの？

麹《こうじ》とは、米か大麦、または大豆に麹菌という微生物（カビの仲間）を繁殖させたもの。米で作ったものは米糀《こうじ》、大麦で作ったものは麦麹、大豆で作ったものは豆麹（米で作ったものは「糀」とし、この本では米糀を使うので、あえて「糀」と記しています）。みそ、しょうゆ、酢、酒、甘酒、漬物など、日本の発酵食品作りにかかせない原料として、古くから利用されてきました。これらの食品は保存料や添加物なしでも貯蔵性が高く、貯蔵すると熟成がすすみ、おいしさが増すのが特徴。昔からよくいわれる「調味料のさしすせそ」（さ＝砂糖・みりん・酒・甘酒、し＝塩、す＝酢、せ＝しょうゆ、そ＝みそ）は麹が支えてきました。麹菌は東洋の微生物の王様といえます。

ではなぜ日本の食品にそんなに糀の利用が多いのでしょうか。それは、カビが生えやすい日本の気候のため。麹菌は、まず、胞子（植物の種子のようなもの）がエサのある場所に落ち、発芽して菌糸が生長します。次いで菌糸の一部から立ち上がるように枝が生え、枝の先端の袋にまた胞子ができます。この胞子が飛んでエサ場に落ち、どんどん増えていきます。この麹菌の繁殖が、湿った気候に合っていたわけです。東アジアや東南アジアにも糀を使った発酵食品が多くあるのもそのせいです。

さて、その糀は、麹菌によって作られた糖、アミノ酸、ビタミン、ミネラルなどがぎっしり詰まった栄養豊富な食べ物でもあります。よく「糀の働きはなんですか？」と聞かれますが、これは麹菌そのものの働きではなく、麹菌が繁殖の際に生産する酵素の作用のことを指します。

最大の特徴は、デンプン消化酵素のアミラーゼ、タンパク質分解酵素のプロテアーゼ、脂肪分解酵素のリパーゼ、この三大消化酵素を豊富に含むこと。デンプンは糖に分解されて甘みになり、タンパク質はアミノ酸に分解されてうまみになり、脂肪は分解されて油っこさやクセがなくなるという特性があります。これが麹菌が酵素の宝庫といわれているゆえん。

カビには「ばい菌」と呼ばれる悪いイメージもありますが、麹菌を使った発酵食品が日本人の食生活に深い関わりをもち、長寿国日本の食生活の基礎を形成していることが、世界的にも高い評価を受けています。糀のチカラを信じて上手につき合っていきたいものです。

糀が体によい理由

糀の主な栄養素は、脳のエネルギー源となるブドウ糖。これが20％以上入っています。点滴と成分がよく似ていることから、甘酒は「飲む点滴」といわれているほどです。また、天然型吸収ビタミン群のビタミンB_1・B_2・B_6、パントテン酸、ビオチンなどが含まれています。これらは体内で作れない物質で、食品からとらなければなりません。

さらに注目したいのは麹酸。麹酸は、麹菌が米のデンプンを糖に変える過程で生み出される抗酸化物質のひとつで、老化の元凶の活性酸素の発生を抑え、細胞を活性化させます。その結果、高血圧や肥満を防止し、疲労を回復し、夏バテを

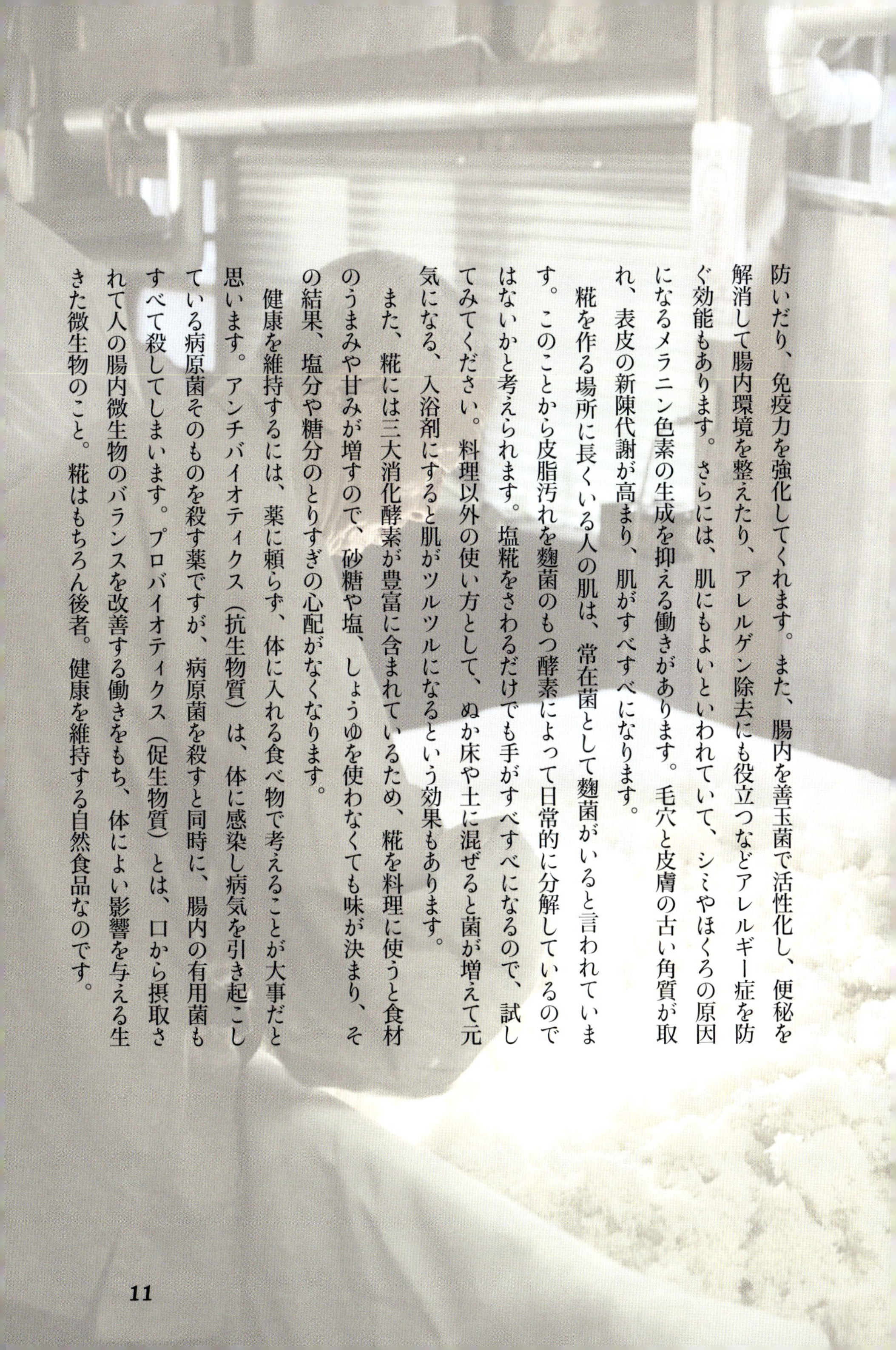

防いだり、免疫力を強化してくれます。また、腸内を善玉菌で活性化し、便秘を解消して腸内環境を整えたり、アレルゲン除去にも役立つなどアレルギー症を防ぐ効能もあります。さらには、肌にもよいといわれていて、シミやほくろの原因になるメラニン色素の生成を抑える働きがあります。毛穴と皮膚の古い角質が取れ、表皮の新陳代謝が高まり、肌がすべすべになります。

　糀を作る場所に長くいる人の肌は、常在菌として麹菌がいると言われています。このことから皮脂汚れを麹菌のもつ酵素によって日常的に分解しているのではないかと考えられます。塩糀をさわるだけでも手がすべすべになるので、試してみてください。料理以外の使い方として、ぬか床や土に混ぜると菌が増えて元気になる、入浴剤にすると肌がツルツルになるという効果もあります。

　また、糀には三大消化酵素が豊富に含まれているため、糀を料理に使うと食材のうまみや甘みが増すので、砂糖や塩、しょうゆを使わなくても味が決まり、その結果、塩分や糖分のとりすぎの心配がなくなります。

　健康を維持するには、薬に頼らず、体に入れる食べ物で考えることが大事だと思います。アンチバイオティクス（抗生物質）は、体に感染し病気を引き起こしている病原菌そのものを殺す薬ですが、病原菌を殺すと同時に、腸内の有用菌もすべて殺してしまいます。プロバイオティクス（促生物質）とは、口から摂取されて人の腸内微生物のバランスを改善する働きをもち、体によい影響を与える生きた微生物のこと。糀はもちろん後者。健康を維持する自然食品なのです。

糀について Q&A

「糀は保存ができるの?」「糀と麹はどう違うの?」など、糀屋本店によく寄せられる質問にこたえます。糀のことをもっと知れば、糀使いのプロになれます。

Q 糀はどこで買えますか?

A 糀は、糀専門店のほか、スーパーマーケット、デパートの食品売り場、もしくはインターネットショップで買うことができます。

Q 生糀と乾燥糀の違いはなんですか?

A 糀には生糀と乾燥糀があり、見た目はあまり変わりません。生糀は作ってそのままのもので、水分含量が24~28%のものを指します。あまり日持ちはしませんが、そのまま使えるので便利。乾燥糀は日持ちをよくするために乾燥させたもので、水分含量が22~23%。長期保存が可能ですが、使う前にもどす手間がかかります。同量の湯でもどして使います。

Q 保存期間と保存方法は?

A 生糀の賞味期限は製造から2週間ほど。保存は冷蔵が適していますが、冷凍でもOK。冷凍した場合は、自然解凍して使います。もし糀が黄色っぽくなってしまっても、賞味期限内なら問題なし。ただし時間のたったものは甘酒より塩糀などを作るのに適しています。若い糀は糖化力が強く、老糀はアミノ酸の生産力が強いためです。乾燥糀も冷蔵庫に入れるのがよいでしょう。塩糀、甘糀、甘酒を保存する場合は冷蔵庫の奥のほうか冷凍庫で。

Q 糀は毎日食べてもいいの?

A 糀には体を健康にする抗酸化作用があるので、毎日食べるのがおすすめです。続けることによって、体の酸化を防いだり、血のめぐりをよくしたり、肌の調子や、おなかの調子を整えたりします。

Q 麹菌は加熱しても生きているの? 効能は?

A 麹菌は45~60℃でよい働きをします。甘糀を作るとき、炊飯器のふたを開けて60℃以上にならないようにするのはこのためです。70℃を上回るとだんだん弱ってくるので、70℃以下で使うのがおすすめ。もし熱を加えすぎて70℃を上回ったとしても、タンパク質をアミノ酸に変える効能はあるので、まろやかな味わいは消えません。料理をおいしくする調味料として使ってください。甘酒も沸騰させないほうがよいでしょう。

Q 糀と麹はどう違うの？

A 「麹」は中国からきた漢字で、菊のにおいに似ていることから。「糀」は日本の漢字で、米に花が咲くように見えることから、この漢字が当てられたといわれています。

ちなみに中国や韓国、その他アジア諸国で使われる「麹」は、日本の糀とは菌が違います。日本の糀の麹菌はAspergillus oryzae（アスペルギルス オリゼー）などAspergillus属。このことから日本醸造学会は麹菌を国菌として定めています。

その他の国はクモノスカビなどRhizopus（リゾプス）属というカビを使うのがほとんど。テンペやマッコリに使う麹などもクモノスカビを使います。

Q 甘酒にはアルコールが入っているの？

A 私たちが普段いただく甘酒は、米と糀で作った甘酒と、酒粕で作った甘酒があります。米と米糀だけで作った甘酒はアルコール発酵以前のものなのでノンアルコール。酒粕を溶いて作った甘酒はアルコール発酵したものを絞ったものなのでアルコールが入っています。

この本で紹介する甘酒は前者で、「甘いけれど砂糖が入っているのですか？」と聞かれることがありますが、入っていません。もち米と糀で作ったブドウ糖１００%です。糀の働きは同じです。

Q 塩糀の塩分はどのくらいですか？

A 糀屋本店の商品、およびこの本で紹介している塩糀は、糀２００g、塩70g、水２５０㎖の割合で作っているので、塩糀自体の塩分は13%です。料理に使うときは、P22にもあるように「材料の重量の10%」を使うので、塩分は約1%となります。

海水の塩分は2・7%、人間の塩分は体内の水分量の0・9%ですので、塩けは感じるけれどのどがあまり渇かない、そんな心地よい味に仕上げています。

Q 糀はいつから食べられてきたの？

A 文献上ではじめて糀が登場するのは8世紀前半の『播磨国風土記』であるといわれています。お神酒の代わりに、穀類をかみ砕いて容器に入れ、そこに含まれていたデンプンが唾液によってブドウ糖に分解され、そこに空気中の酵母が落ちてきて発酵し、酒ができたといいます。米糀のことを古くは「かむたち」と呼び、先人たちが試行錯誤を繰り返して発酵食品を作ってきたのです。

糀はこんなふうに使います

糀はうまみを作り出す素。といっても、糀は単独で食べるものではなく、なにかに寄り添って、はじめてそのチカラを発揮します。

そこで、糀をどうやって使うのか、どんな料理に使えるのかをチャートにして紹介。

基本となるのは、生糀に塩と水を加えて作った塩糀、生糀にもち米を加えて作った甘糀。

塩糀と甘糀をいろいろな料理に使い回すのが、糀料理の基本になります。

糀使いがわかれば、料理の幅がどんどん広がります。

塩糀

ご飯や生地に入れる

P42 ピッツァ・マルゲリータ
P44 塩糀ご飯のおむすびなど

調味料として使う

調理に使う

P26 長ねぎとちくわ炒め
P28 豚肉とじゃが芋の塩糀煮など

下味に使う

P30 鯛の塩糀蒸し
P34 えびのから揚げなど

あえ衣・漬け床に使う

P24 ゆで野菜の塩糀あえ
P46 白菜の塩糀漬けなど

ドレッシング・ソースに使う

P36 オリーブ油塩糀のグリーンサラダ
P37 さっぱりポテトサラダなど

生糀

糀＋α

糀+酢

P86
簡単ちらしずし

糀+みそ

P88 豚肉ソテー&
もやし炒め

糀+しょうゆ

P90 野菜の
糀しょうゆ漬け

糀+大豆

P92
十五夜みそ

糀+しょうゆ+みそ

P91
しょんしょん漬け

糀納豆

そのまま食べる

P82 お好み
手巻きセット

具に使う

P85 糀納豆の
焼きめしなど

だし糀

たれに使う

P70 焼き肉・
だし糀だれなど

あえ衣に使う

P72 里芋の
だし糀あえなど

隠し味に使う

P75 シーフード
カレーライスなど

だし代わりに使う

P76 長ねぎの
みそ汁など

甘糀

P52 甘酒

調味料として使う

調理に使う

P55 さばの煮つけ
P57 豚しゃぶ鍋など

下味に使う

P56 すき焼き
P61 甘糀
フレンチトーストなど

あえ衣・漬け床に使う

P54 ほうれんそうの
みそ白あえ
P58 三五八漬け・
糀屋版など

スイーツに使う

P60 甘糀
シナモントースト
P64 甘酒寒天など

甘酒にする

甘酒ドリンクにする

P67 甘酒ミルク、
甘酒焼酎など

生地に入れる

P62 湯だね
甘酒まんじゅう、
湯だね甘酒パンなど

糀が生まれるまで

糀作りは麹菌が主役。蒸した米に純粋培養された麹菌（種麹）をまき、保温しながら繁殖させます。仕込みというよりは、菌が繁殖する環境を整えて、そのお世話をするのが糀屋の仕事。米から糀になるまでの4日間、愛情を込めて見守ります。「糀屋本店」では、8代目の父、9代目見習いの息子とともに、こうじ屋ウーマンが日々糀作りに励んでいます。

1日目

洗米《せんまい》・浸漬《しんせき》

米を洗って
水につける

▲大分県産の米をていねいに洗い、水きりをする。

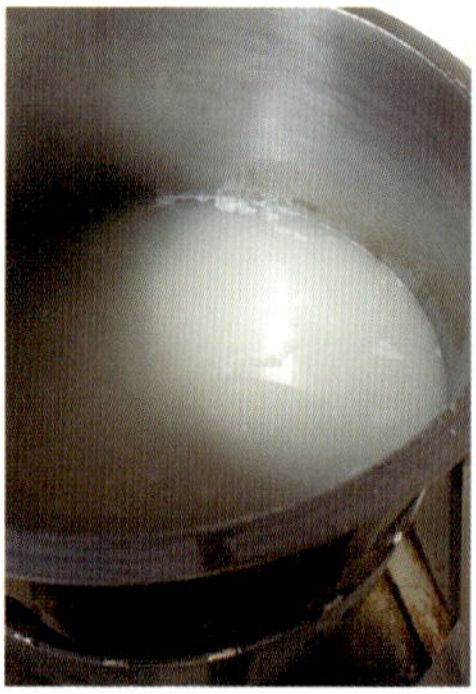

▲浸漬＝浸水させて一晩おく。

2日目

甑《こしき》

米を蒸し、
蒸し米に麹菌をつける

▲浸水させておいた米を水きりし、布（昔は麻。今は化繊）を敷いた蒸し器（甑）に移す。

▼大きなしゃもじを使って蒸し米を広げ、表面の温度が下がったら返し、冷ましていく。

▼温度計を刺し、37～38℃まで冷ます。

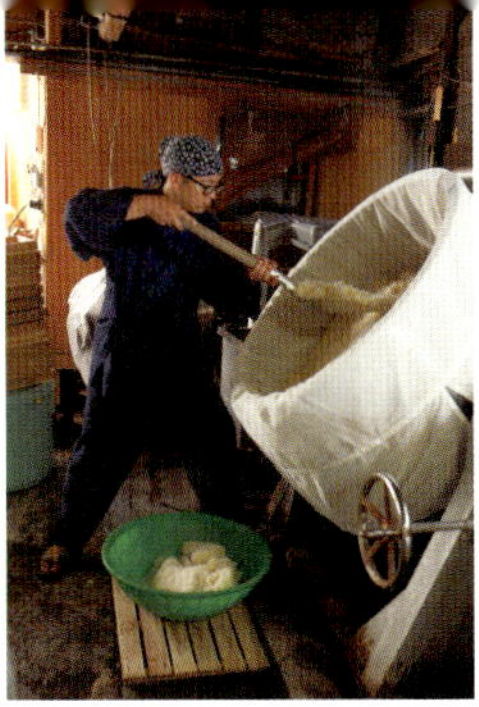

▲蒸し上がったら大きなざるに入れ、布（昔は麻。今は化繊）を敷いた台に移す。

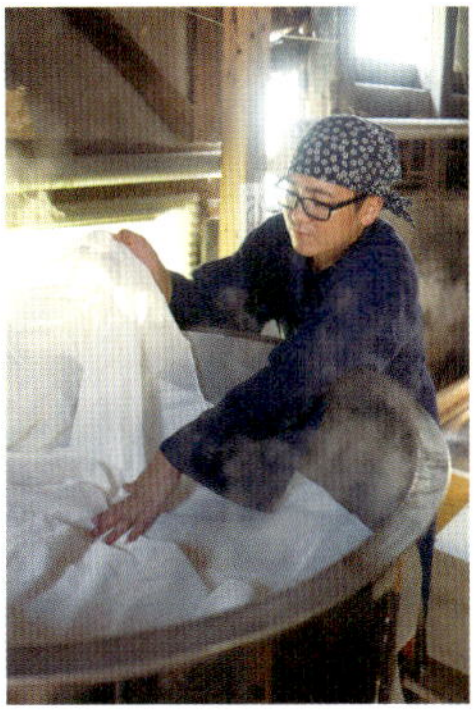

▲表面をならして火にかけ、布でおおって1時間ほど蒸す。

▲室蓋《ひろぶた》という木製の容器数枚に蒸し米を入れ、麹菌(種麹)をふってバラバラになるまで混ぜる。種麹とは、種麹屋によって純粋培養される麹菌の↗こと。現在、種麹屋は国内に十数社しかなく、大手酒造会社でさえ種麹を作ることができないため、種麹屋から種麹を買い、自社で麹を作っている。

▼この麹菌のついた蒸し米を全体にまいて、蒸し米全部に行き渡るようにする。

▲両手を使ってバラバラにする。米に傷をつけ、傷ついたところに麹菌が入っていくようにする。

床入れ

床船《とこぶね》でねかせる

その後、糀室にある床船というバスタブのような保温設備でねかせる。

作業所には、室蓋が積まれている。室蓋は、糀を再度活発に活動させるための容器。

3日目

床もみ

適温まで冷ます

床船でねかせて一晩ほどおくと、菌の活動が活発になり、発酵がはじまる。菌同士がおしくらまんじゅうをするようにさらに発熱を続けるので、その温度を適温に冷ます必要がある。この作業を床もみという。

盛り

室蓋に移して積み重ねる

▼床もみで冷まされた糀を再度、活発に活動させるため、室蓋に1升ずつ移し、積み重ねていく。昔は室蓋1枚単位で糀を売っていた。

▶糀屋本店の糀室は、元禄時代から使われている土室。壁や天井には、長い時間を経て生き抜いた麴菌が棲みついているという。

仕舞い

発熱を止める

盛りの終了から数時間後、再度発熱するのを止める作業を仕舞い仕事という。名前のとおり、これが糀作りの最後の工程となる。

4日目

出糀

糀室から出して冷却する

▲糀を糀室から出し、冷まし、糀のでき上がり。手で割ってみると、中までふわふわ。

糀糸が米全体をおおい、
美しい。「糀」の字のとお
り、まさに米の花。

塩糀を作る

糀、塩、水で作る塩糀は、糀料理の基本アイテム。野菜はもちろん、肉や魚介と組み合わせるだけで、素材そのもののうまみを引き出し、おいしさがグンとアップします。熟成期間は1週間から10日ですが、6ヵ月ほど冷蔵庫でストックしておけるのが魅力です。塩糀の黄金率は、材料の重量の10%。たとえば150gの薄切り肉なら塩糀は15g。まぶして焼いたり、炒めるときに加えればいいだけ。失敗いらずです。

材料・作りやすい分量

糀…200g
塩…70g
水…250mℓ

1 糀をもみほぐす

ボウルに糀を入れ、両手のひらを使ってもみほぐし、パラパラにする。

2 塩を加えてもむ

塩を加えてよくもむ。

3 しっとりとさせる

手で握ったとき、しっとりとした感じが出てくるまでよくもむ。

4 水を加える

分量の水を注ぎ入れる。

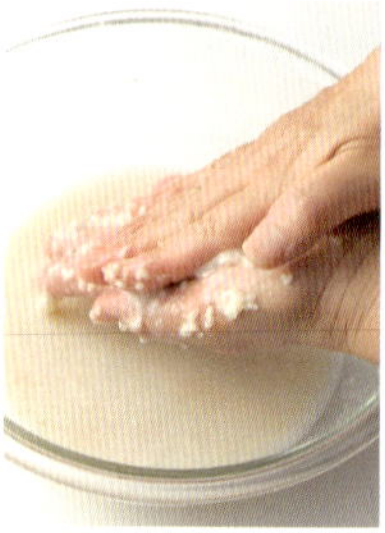

5 混ぜて、ねかせる

両手のひらでこすり合わせるようにして混ぜ合わせ、容器に移す。少しずらしてふたをし、常温に1週間から10日おく。最初の1週間は、1日1回かき混ぜて空気を含ませる。冷蔵で6ヵ月ほど保存可。

あえ衣・漬け床に使う

塩糀であえるだけ。素材のおいしさが堪能できます

ゆで野菜の塩糀あえ

ゆで野菜を塩糀であえると
それだけで野菜料理が一品完成。
キャベツのほか、
ブロッコリー、アスパラガス、
スナップえんどう、
いんげんなどで作っても。

材料・2人分
キャベツ…大3枚
塩糀…大さじ1
（キャベツの重量の10％）

1 キャベツはたっぷりの湯でゆで、ざるに上げて粗熱をとる。食べやすい大きさに切って水けをギュッと絞る。

2 **1**をボウルに入れ、塩糀を加えてあえる。

生野菜の塩糀あえ

作ってすぐに食べてもよいし、
2〜3時間おくと
浅漬けのような感じになって
これがまた美味。
プチトマトのほか、
きゅうり、かぶ、なす、
キャベツなどでも。

材料・2人分
プチトマト…10個
塩糀…大さじ½
（プチトマトの重量の10％）

1 プチトマトはへたを取って縦半割りにする。

2 **1**をボウルに入れ、塩糀を加えてあえる。

刺身の塩糀あえ

帆立て貝柱、
いか、たこ、白身魚……、
市販の刺身と
塩糀をあえるだけで
磯の香りと
魚介のうまみが倍増！
簡単に本格おつまみが作れます。

材料・2人分
帆立て貝柱…4個
塩糀…大さじ½
（帆立て貝柱の重量の10％）

1 貝柱は4等分に切る。

2 **1**をボウルに入れ、塩糀を加えてあえる。

調理に使う

塩糀があれば、
ほかに調味料いらず。
味つけが
ぴたりと決まります

長ねぎとちくわ炒め

冷蔵庫にある材料を組み合わせてチャチャッと炒めるだけ。赤唐がらしの量は好みで加減します。

ラーメンやうどんのトッピングにしてもおいしい。これはインスタントの塩ラーメン。

材料・2人分

長ねぎ…2本
ちくわ…2本
オリーブ油…小さじ1
赤唐がらしの小口切り…1本分
塩糀…大さじ1

1 長ねぎは斜め薄切りにし、ちくわも斜め薄切りにする。

2 フライパンにオリーブ油を熱し、**1**と赤唐がらしを入れて炒める。

3 長ねぎがしんなりしてきたら塩糀を加えて炒め合わせる。

三つ葉と厚揚げ炒め

塩糀で炒めることによって、味がひとつにまとまります。ご飯のおかずにも、おつまみにもおすすめです。

材料・2人分

三つ葉…½束
厚揚げ…1枚
オリーブ油…小さじ1
塩糀…大さじ1

1 三つ葉は6～7cm長さに切り、厚揚げは厚みを半分に切ってから1～1・5cm幅に切る。

2 フライパンにオリーブ油を熱し、**1**を入れて炒める。

3 三つ葉がしんなりしてきたら塩糀を加えて炒め合わせる。

枝豆の塩糀炒め

いつもはゆでる枝豆を塩糀をもみ込んで炒めます。ゆでるよりうまみがギュッ！

材料・作りやすい分量

枝豆…1袋
塩糀…大さじ2くらい

1 枝豆はキッチンばさみで両端を少し切り落とし、ボウルに入れて塩糀をもみ込む。

2 フライパンに**1**を入れて火にかけ、塩糀をなじませながら火を通す。

調理に使う

脂肪を分解する作用のある糀の酵素。かたまり肉もあっさりとした味わいです

豚肉とじゃが芋の塩糀煮

豚肉に塩糀をもみ込んでおくのがポイント。なんと煮汁は水だけで、おいしい煮物のでき上がり！豚肉の代わりに鶏肉、じゃが芋の代わりに大根で作ってもよいでしょう。

豚肉は塩糀をもみ込み、この状態で一晩おく。おいておくことで、ばら肉のクセがやわらぐ。

豚肉、じゃが芋を鍋に入れ、あとは水を注いで煮るだけ。調味料はほかに使わない。

材料・4人分

豚ばらかたまり肉…500g
塩糀…大さじ2½
（豚肉の重量の10%）
じゃが芋…2個
水…カップ½

1 豚肉は2～3㎝厚さに切ってボウルに入れ、塩糀を加えてよくもみ、冷蔵庫に入れて一晩おく。

2 じゃが芋は皮をむき、大きめの一口大に切る。

3 鍋に**1**と**2**を入れ、分量の水を注ぎ入れ、火にかける。煮立ったら火を弱め、豚肉が柔らかくなるまで15分ほど煮る。

下味に使う

糀の効果でふっくら柔らか。蒸す時間がおいしさを作ります

鯛の塩糀蒸し

蒸すとかたくなりがちな鯛の身が驚くほどふっくら！
塩糀の味でシンプルにいただきます。

材料・2人分

鯛…2切れ
塩糀…大さじ1
まいたけ…½パック
青ねぎ…適量

1 鯛は1切れずつ耐熱性の器にのせ、全体に塩糀を塗り、30分ほどおく。

2 まいたけは食べやすい大きさに分け、青ねぎは斜め薄切りにする。**1**の鯛に添える。

3 **2**を器ごと蒸し器に入れ、蒸気の立った状態で約7分蒸す。

あさりの塩糀酒蒸し

ふっくらジューシーなあさりに、思わず舌鼓《したつづみ》。冷めてもおいしいまま！

材料・2人分
あさり（殻つき）…約400g
酒…カップ¼
塩糀…大さじ1

1 あさりは砂出しをし、殻をこすり合わせて洗う。

2 鍋に**1**、酒、塩糀を入れて火にかけ、煮立ったら火を弱め、あさりの口が開いたら火を止める。

下味に使う

肉のうまみたっぷりでジューシー。手作りソーセージが作れます

クイックソーセージ

ゆでたてをそのまま食べてもよし、
香ばしく焼いてもよし。
皮なしだから作り方は簡単、でも味わいは本格派。

材料・作りやすい分量

豚ひき肉…250g
塩糀…大さじ1強
おろしにんにく…1/4かけ分
粗びき黒こしょう…少々
ナツメグ…少々
ハーブ
・セージ(ドライ)…少々
・バジル(ドライ)…少々
・イタリアンパセリのみじん切り…少々
オリーブ油…適量

1 ボウルにひき肉を入れ、塩糀を加えて混ぜる。にんにく、粗びき黒こしょう、ナツメグ、ハーブを加え、粘りが出るまでよく混ぜ合わせる。30分ほど冷蔵庫でねかせる。

2 **1**を適量ずつ手にとり、ソーセージの形に整える。

3 鍋にたっぷりの湯を沸かし、**2**を入れ、4分ほどゆでて中まで火を通す。ざるに上げてゆで汁をきる。

4 フライパンにオリーブ油をなじませ、**3**を入れて転がしながら焼き色をつける。

5 器に盛り、粒マスタードとイタリアンパセリ（各分量外）を添える。

豚ひき肉に塩糀を混ぜる。ひき肉は、できれば赤身と脂身の割合が8対2くらいのものを。

ソーセージの形に整える。バットにラップをピンと張り、その上に並べていくと、取り上げるときに形がくずれにくい。

たっぷりの湯でゆでる。焼かずに、このゆでたてを食べてもおいしい。またはまとめてゆでておき、食べる直前に焼いても。

下味に使う

肉や冷凍物のクセがまったく気にならない。塩糀で作るから揚げ3種

砂肝のから揚げ

砂肝が苦手な人も大丈夫。まったくクセが気にならず、冷めても変わらぬおいしさ。

材料・2人分

砂肝…200g
塩糀…大さじ1
片栗粉…20g
米粉または上新粉…10g
揚げ油…適量

1 砂肝は白い膜を取り、火が通りやすいように半分に切って塩糀をもみ込む。

2 片栗粉と米粉は合わせ、**1**にまぶしてなじませる。

3 揚げ油を170℃に熱し、**2**を入れてカラリと揚げる。

えびのから揚げ

冷凍えびを使ってもプリプリッ！ いか、貝柱、たこのほか、シーフードミックスで作ってもOK。

材料・2人分

冷凍えび
（無頭・殻つき）…200g
塩糀…大さじ1
片栗粉…20g
米粉または上新粉…10g
揚げ油…適量

1 えびは解凍して殻をむき、水けをしっかりと拭き、塩糀をもみ込む。

2 片栗粉と米粉は合わせ、**1**にまぶしてなじませる。

3 揚げ油を170℃に熱し、**2**を入れてカラリと揚げる。

ささ身のから揚げ

淡泊なささ身が大変身。うまみたっぷりで柔らかく、定番の鶏もも肉のから揚げに迫る味わいです。

材料・2人分

ささ身…200g
塩糀…大さじ1
片栗粉…20g
米粉または上新粉…10g
揚げ油…適量

1 ささ身は一口大のそぎ切りにして塩糀をもみ込む。

2 片栗粉と米粉は合わせ、**1**にまぶしてなじませる。

3 揚げ油を170℃に熱し、**2**を入れてカラリと揚げる。

ドレッシング・ソースに使う

オリーブ油と塩糀の相性はぴったり。2つのソースでサラダレシピ

オリーブ油塩糀

材料・作りやすい分量

オリーブ油(エクストラバージン)…100〜110mℓ
塩糀…100g

1 塩糀はミキサーに入れ、なめらかになるまで攪拌する。

2 **1**にオリーブ油を少しずつ加えながら混ぜ合わせる。マヨネーズを作る要領で少しずつ加えていく。

オリーブ油塩糀のグリーンサラダ

塩糀とオリーブ油を混ぜるだけでクリーミードレッシングのでき上がり。フレッシュ野菜によく合います。

材料・2人分

レタス…1/4個
サラダミックス…1袋
オリーブ油塩糀…適量

1 レタスは一口大にちぎり、冷水に放してシャキッとさせ、水けをよくきる。サラダミックスも冷水に放してシャキッとさせ、水けをよくきる。

2 **1**を合わせて器に盛り、オリーブ油塩糀をかける。好みで粗びき黒こしょうやレモンの絞り汁(各分量外)をふる。

塩糀

豆乳塩糀マヨネーズ

材料・作りやすい分量
豆乳…カップ1/2
オリーブ油(エクストラバージン)…80mℓ
酢…大さじ1
塩糀…大さじ2

1 塩糀はミキサーに入れ、なめらかになるまで攪拌する。
2 1に残りの材料を加えてさらに攪拌する。

さっぱりポテトサラダ

豆乳と塩糀を使ったヘルシーなマヨネーズはゆで野菜や蒸し野菜にぴったり！
マカロニサラダにもおすすめです。

材料・4人分
じゃが芋…大4個
玉ねぎ…1個
きゅうり…2本
塩糀…大さじ1
豆乳塩糀マヨネーズ…大さじ2〜3

1 じゃが芋は皮つきのまま洗い、水からゆでる。熱いうちに皮をむき、軽くつぶして冷ます。
2 玉ねぎは薄切りにし、塩糀を混ぜてしんなりさせる。きゅうりは薄い輪切りにする。
3 ボウルに1と2を入れ、豆乳塩糀マヨネーズを加えてあえ、少しおいて味をなじませる。

調理に使う

塩糀を混ぜた卵は、ふんわり。コツいらずで卵料理の達人に

炒り卵のサンドイッチ

シンプル塩味のサンドイッチって新鮮！
卵2個に対して塩糀小さじ1が目安。
卵焼き、オムレツ、卵そぼろもこの方法で。

卵は割りほぐし、塩糀を加えて混ぜる。これだけで炒り卵がふわふわに仕上がる。

シンプルに炒り卵だけをサンド。パンにはオリーブ油塩糀または豆乳塩糀マヨネーズを塗る。

材料・2人分

卵…2個
塩糀…小さじ1
オリーブ油…少々
食パン（サンドイッチ用）…4枚
粗びき黒こしょう…少々
オリーブ油塩糀または
　豆乳塩糀マヨネーズ…適量
※オリーブ油塩糀、豆乳塩糀マヨネーズの作り方はP36〜37参照。

1 ボウルに卵を割りほぐし、塩糀を加えて混ぜる。

2 フライパンにオリーブ油をなじませ、**1**を流し入れ、大きくかき混ぜながら火を通し、炒り卵を作る。

3 食パンは2枚1組にし、1枚には炒り卵をのせて粗びき黒こしょうをふり、もう1枚にはオリーブ油塩糀を塗り、サンドする。

4 手で軽く押さえてなじませ、食べやすい大きさに切り分ける。

ドレッシング・ソースに使う

にんにく塩糀は我が家の保存食。パスタとあえて忙しいときのお昼ごはんに

にんにく塩糀

材料・作りやすい分量
にんにく…2玉
塩糀…適量

1 にんにくは1かけずつにして保存瓶に入れ、塩糀をひたひたに加える。
2 冷蔵庫に入れ、1ヵ月ほどおいて味をなじませる。
※冷蔵で6ヵ月保存可。炒め物、ピラフ、ガーリックトーストなどにも。

にんにく塩糀ペペロンチーノ

塩糀にはにんにくの風味が移り、にんにくはまろやかな味わいに。ゆでたパスタにからめるだけで十分おいしい！ ここでは赤唐がらしを加えて辛みをプラスします。

材料・2人分
スパゲッティ…200g
にんにく塩糀…大さじ1½
にんにく塩糀の
　にんにく…1かけ
オリーブ油…大さじ3
赤唐がらし…1本

1 スパゲッティは塩適量（分量外）を加えた湯でゆではじめる。
2 にんにく塩糀のにんにくは粗みじん切りにする。赤唐がらしは小口切りにする。
3 フライパンにオリーブ油と**2**のにんにくを入れて炒め、香りを立たせる。
4 スパゲッティがゆで上がったらゆで汁をきり、**3**に加え、赤唐がらしとにんにく塩糀を加えて手早く炒め合わせる。

ご飯や生地に入れる

塩糀&甘酒入りのピッツァはもちもちっ!
塩糀トマトソースと組み合わせて、味わい本格派

残ったピッツァ生地は冷凍保存もできるが、小さく丸めてオーブンで焼けば、もちもちパンに。

ピッツァ・マルゲリータ

バジル、チーズ、トマトソースのトリオで作る人気の定番。ピッツァ生地に塩糀と甘酒を使うのが、おいしさのポイント。すぐに作れる塩糀トマトソースも必見です。

甘酒、40℃のぬるま湯、ドライイースト、塩糀の順に混ぜてイースト水を作る。ドライイーストが少なめでもふっくらとした生地になる。

強力粉にイースト水を混ぜていく。はじめは手にくっつくが、まとまってくるので心配ない。

トマト水煮に塩糀を混ぜるだけでおいしいトマトソースに。パスタにも使えて便利。

材料・直径20㎝3〜4枚分

ピッツァ生地

- 強力粉…500g
- 塩糀…30g
- 甘酒…50g
- ぬるま湯(40℃)…250㎖
- ドライイースト…2g

塩糀トマトソース

(作りやすい分量)

- トマト水煮(缶詰)…400g
- 塩糀…40g

モッツァレラチーズ
…1袋(240g)
バジル…適量
オリーブ油…適量

※甘酒の作り方はP52参照。

1 ピッツァ生地を作る。大きめの計量カップなどに甘酒、ぬるま湯、ドライイースト、塩糀の順に入れて混ぜ、イースト水を作る。

2 ボウルに強力粉を入れ、**1**を少しずつ加えながら混ぜていく。耳たぶくらいのかたさになるまでよく練る。

3 ひとまとめにし、3〜4等分に切り分け、常温に30分〜1時間おいて発酵させる。

4 塩糀トマトソースを作る。ボウルにトマト水煮を入れて軽くつぶし、塩糀を加えて混ぜ合わせる。好みで、目の粗いざるで漉す。

5 **3**の生地を丸くのばし、塩糀トマトソース大さじ2〜3を塗り、モッツァレラチーズを薄切りにしてのせる。300℃のオーブンで5〜7分、または250℃で約10分焼く。

6 バジルをのせ、オリーブ油を回しかける。

ご飯や生地に入れる

塩糀を入れて炊いたご飯は、うまみ倍増。米本来のおいしさを引き出します

塩糀ご飯のおむすび

「このお米、こんなにおいしかったっけ？」そう思えるのは、塩糀のおかげ。米のおいしさを直球で味わえます。

材料・4人分

米…3合
塩糀…大さじ1
好みの漬物…適量

1 米は洗ってざるに上げる。

2 炊飯器に**1**を入れ、3の目盛りまで水を注ぎ入れ、塩糀を加えてざっと混ぜて炊く。

3 炊き上がったらさっくりと混ぜ、適量ずつ手にとって三角にむすぶ。漬物を添える。

とうもろこしとブロッコリーのご飯

とうもろこしは一段と甘く、香りよく、冷めてもおいしいからお弁当にもおすすめです。

材料・4人分

米…3合
とうもろこし…1本
ブロッコリー…小1個
塩糀…大さじ1

1 米は洗ってざるに上げる。とうもろこしは包丁で実を削り取る。ブロッコリーは小房に分けてかためにゆで、ゆで汁をきる。

2 炊飯器に米を入れ、3の目盛りまで水を注ぎ入れ、塩糀を加えてざっと混ぜる。とうもろこしをのせ、普通に炊く。

3 炊き上がったら**1**のブロッコリーを加えて少し蒸らし、さっくりと混ぜる。

あえ衣・漬け床に使う

塩糀で作る漬物4種。野菜のうまみがギュッと凝縮！

大根のゆずこしょう風味漬け

九州では一般的な調味料・ゆずこしょうを加えた簡単漬物。
かぶ、にんじん、白菜などでも同様に。

材料・作りやすい分量
大根…½本(600g)
塩糀…大さじ6
(大根の重量の20%)
ゆずこしょう…小さじ½

1 大根は拍子木切りにしてポリ袋に入れ、全体に塩糀をまぶす。ゆずこしょうを加えて軽くもみ、冷蔵庫に入れて半日から一晩おく。

2 水けをきって器に盛る。

白菜の塩糀漬け

¼個で作るお手軽バージョン。
塩の代わりに塩糀を使うと、まろやかな味わいに。

材料・作りやすい分量
白菜…¼個(600g)
塩糀…大さじ6
(白菜の重量の20%)

1 白菜は大きめのざく切りにしてポリ袋に入れ、全体に塩糀をまぶして軽くもみ、冷蔵庫に入れて半日から一晩おく。

2 水けをかたく絞り、器に盛る。

かぶの葉の塩糀漬け

かぶの葉や大根の葉、捨てるのはちょっと待って。
塩糀をまぶせば、おいしい漬物に!

材料・作りやすい分量
かぶの葉…2個分
塩糀…大さじ2
(かぶの葉の重量の20%)

1 かぶの葉は1㎝長さに切ってポリ袋に入れ、全体に塩糀をまぶして軽くもみ、冷蔵庫に入れて半日から一晩おく。

2 水けをかたく絞り、器に盛る。

だし

山形の郷土料理・だしを糀屋流にアレンジ。
ご飯にのせていただきます。

材料・作りやすい分量
きゅうり…2本
なす…1本
オクラ…3本
みょうが…1個
青じそ…5枚
刻み昆布…適量
炒り白ごま…適量
塩糀…大さじ3

1 きゅうり、なすは5㎜角に切る。オクラは塩少々(分量外)で板ずりして小口切りにする。みょうがと青じそは粗みじん切りにする。

2 容器に**1**、刻み昆布、炒り白ごまを入れ、塩糀を加えて混ぜ合わせ、2時間以上おく。

調理に使う

塩糀で調味すると、しっかりと味がしみ込みます。冷めてもおいしいからお弁当に

鶏肉は塩糀とバジルで下味をつける。これで加熱しても柔らか。

アルミホイルの上に下味をつけた鶏肉、玉ねぎ、しめじをのせて包む。

ごま塩糀ふりかけは多めに作ってストックしておいても。ごま2対塩糀1の割合。

鶏肉と野菜のホイル焼き弁当

鶏肉、玉ねぎ、きのこを一緒に調理すれば、主菜と副菜がいっきに完成。ご飯の友・ごま塩糀ふりかけも活躍！

材料・2人分

鶏肉と野菜のホイル焼き

・鶏胸肉…250g
・塩糀…25g
・バジル（ドライ）…少々
・玉ねぎ…1/2個
・しめじ…適量

ごま塩糀ふりかけ

（作りやすい分量）

・炒り黒ごま…大さじ2
・塩糀…大さじ1

ご飯…適量

かぶの葉の塩糀漬け…適量

※かぶの葉の塩糀漬けの作り方はP47参照。

鶏肉と野菜のホイル焼き

1 鶏肉は一口大のそぎ切りにし、塩糀とバジルをまぶして軽くもみ、10〜20分おく。玉ねぎは薄切りにし、しめじは小房に分ける。

2 適当な大きさに切ったアルミホイルを2枚用意し、**1**を半量ずつのせ、それぞれ包む。

3 ホットプレートを熱して**2**をのせ、10分ほど加熱して鶏肉に火を通す。

ごま塩糀ふりかけ

1 炒り黒ごまはすり鉢に入れて半ずりにする。

2 フライパンに**1**と塩糀を入れて火にかけ、水けがなくなるまで炒る。

仕上げ

お弁当箱の半分にご飯を詰め、ごま塩糀ふりかけ適量をかける。残り半分に鶏肉、玉ねぎ、しめじを汁けをきって詰める。あいたスペースにかぶの葉の塩糀漬けを入れる。

調理に使う

みんなの好きなそぼろで糀屋の糀づくしのお弁当

三色弁当

ひき肉を甘糀で、アスパラガスと豆腐を塩糀で調理。ご飯の上にのせてお弁当に仕立てます。

材料・2人分

鶏そぼろ
・鶏ひき肉…200g
・甘糀…大さじ2
・酒…大さじ1
・しょうゆ…大さじ2

アスパラ炒め
・アスパラガス…2本
・塩糀…大さじ½
・オリーブ油…少々

豆腐そぼろ
・木綿豆腐…½丁
・オリーブ油…少々
・塩糀…大さじ1
ご飯…適量

※甘糀の作り方はP52参照。

鶏そぼろはほんのり甘くしたいので甘糀を使用。塩味にしたければ塩糀を使えばよい。

アスパラガスはオリーブ油と塩糀で炒める。いんげん、絹さや、ズッキーニなどでも同様にできる。

豆腐は塩糀でそぼろ状にする。コクが出てチーズのような風味が加わる。

鶏そぼろ

1 フライパンに鶏ひき肉を入れて火にかけ、箸でかき混ぜながら火を通す。

2 甘糀、酒、しょうゆを加え、味をなじませながらよく炒め、そぼろ状にする。

アスパラ炒め

1 アスパラガスは斜め薄切りにする。

2 フライパンにオリーブ油をなじませ、**1**を入れ、塩糀を加えて炒める。

豆腐そぼろ

1 豆腐はしっかりと水きりをし、手でくずす。

2 フライパンにオリーブ油をなじませ、**1**を入れて炒める。

3 塩糀を加え、味をなじませながらさらによく炒め、そぼろ状にする。

仕上げ

お弁当箱にご飯を詰め、鶏そぼろ、アスパラ炒め、豆腐そぼろをのせる。

甘糀&甘酒を作る

糀ともち米で作る甘糀は、塩糀と並ぶ便利調味料。自然の甘みだけなので、砂糖の代わりに使うとすっきりとした甘さになるのが魅力。また、いってみれば甘酒の素。湯で薄めると甘酒になります。甘糀作りには炊飯器と棒温度計を使います。おいしい甘糀ができる温度は50～60℃。炊飯器によって差はありますが、ふたを開けておくと60℃前後に保てます。炊飯器がない場合は保温ポットや保温水筒でも作れます。

材料・作りやすい分量

糀…500g
もち米…4合(600g)

1 糀をほぐす

ボウルに糀を入れ、両手のひらを使ってもみほぐし、パラパラにする。もち米は洗ってざるに上げ、炊飯器に移し、5の目盛りまで水を注ぎ入れて炊く。

2 炊いたもち米に混ぜる

もち米が炊けたらボウルに移し、70℃くらいになるまで混ぜて冷まし、**1**の糀を加えてよく混ぜ合わせ、60℃くらいまで冷ます。

3 炊飯器で保温

2を炊飯器に戻し、保温スイッチを入れて布巾をかけ、ふたを開けたままにして10時間ほどおく。途中1～2時間たったらよく混ぜ、5～6時間たったら味見をしてときどきかき混ぜる。これが甘糀。冷蔵で10日ほど、冷凍で6ヵ月ほど保存可。

※糀屋本店の甘糀（商品）は、**3**を鍋に移してとろ火にかけ、70℃以上にならないようにし、かき混ぜながら煮詰めたもの。

甘酒

甘糀を2倍の湯で溶くと甘酒になる。つぶつぶ感を楽しみたいならそのまま、なめらかにしたいときはミキサーにかけてもよい。

雑穀甘酒

もち米600gの代わりに、もち米540g＋雑穀60gにして作れば、ほんのりあずき色の雑穀甘糀と雑穀甘酒も作れる。

あえ衣・漬け床に使う

調理に使う

甘糀を使うと砂糖いらず。自然な甘みを感じる和のおかず

ほうれんそうのみそ白あえ

あえ衣に甘糀を使った、なめらかな口当たりの小鉢。小松菜、春菊、いんげん、アスパラガス……、いつもの白あえを糀屋流に作ります。

材料・4人分

ほうれんそう…1束

あえ衣

・木綿豆腐…½丁

・炒り白ごま…大さじ4

・甘糀…大さじ4

・白みそ…小さじ2

1 ほうれんそうはたっぷりの湯でさっとゆで、ざるに上げる。食べやすい長さに切り、水けをしっかりと絞る。

2 あえ衣を作る。豆腐はしっかりと水きりをする。白ごまは香ばしく炒る。

3 すり鉢に白ごまを入れて油が出るまでよくすり、豆腐を加えてさらにする。甘糀、白みそを加えてすり混ぜる。

4 **3**に**1**を加えてあえる。

さばの煮つけ

しょうゆ、酒、甘糀で煮ると
こっくりとしたうまみが出て、
みそ煮のような味わい。
さばのクセも消えて
食べやすくなります。

材料・2人分

さば(二枚におろしたもの)
…半身
しょうゆ…カップ1/4
酒…カップ1/2
甘糀…カップ1/2
しょうが…1かけ

1 さばは半分に切る。しょうがはせん切りにする。

2 鍋にしょうゆ、酒、甘糀、しょうがの半量を入れて軽く煮立て、さばを皮目を上にして並べ入れる。

3 ときどき煮汁をかけながら、ふたをして弱火で煮る。

4 器に盛り、鍋に残った煮汁をかけ、残りのしょうがをのせる。

すき焼き

甘糀をまぶせば
肉のうまみが増すので、
赤身の肉でも十分。
つい箸がのびます。

下味に使う　**調理に使う**

砂糖を使わないので、くどくない。万人受けするごちそう鍋

材料・2人分

牛薄切り肉(赤身・すき焼き用)…300g
甘糀…120g
しらたき…½玉
焼き豆腐…½丁
長ねぎ…2本
春菊…½束
牛脂またはサラダ油…適量
酒…大さじ3⅓
しょうゆ…大さじ3⅓

1 牛肉は甘糀をまぶす。しらたきは下ゆでしてざるに上げ、食べやすい長さに切る。焼き豆腐は食べやすい大きさに切る。長ねぎは斜め薄切りにし、春菊は茎のかたい部分を除く。

2 すき焼き鍋を熱して牛脂をなじませ、牛肉を入れてさっと焼き、酒、しょうゆの順に加えて味をからめる。

3 しらたき、焼き豆腐を加えて煮、長ねぎ、春菊を加えてさっと煮る。

豚しゃぶ鍋

甘糀の効果で豚肉が柔らか、
体も温まる！
おろししょうがや
白ごま、ゆずこしょうなどの
薬味を添えても。

材料・2人分
豚薄切り肉（赤身・しゃぶしゃぶ用）…200g
白菜…1/4個（600g）
水菜…1束
甘糀…100g
水…1ℓ
酒…カップ1/2
うすくちしょうゆ…大さじ4

1 白菜は葉と軸に分け、葉はざく切り、軸は一口大のそぎ切りにする。水菜は食べやすい長さに切る。

2 鍋に甘糀、分量の水、酒、しょうゆを入れて火にかけ、豚肉と**1**を適量ずつ入れ、煮えたものから食べる。

あえ衣・漬け床に使う

甘糀を使えばとっても手軽。保存容器で作る自家製糀漬けです

三五八《さごはち》漬け・糀屋版

「三五八漬け」は東北地方の郷土料理。塩、糀、米を3対5対8の割合で使うのが名前の由来ですが、ここでは甘糀を用いた簡単バージョンを紹介。

材料・作りやすい分量

大根…1/4本
きゅうり…2本
にんじん…1/2本
なす…小1/2本
甘糀…300g
塩…15g

1 保存容器に甘糀と塩を入れて混ぜ合わせ、漬け床を作る。

2 大根、きゅうり、にんじん、なすはそれぞれ一口大の乱切りにする。

3 **1**に**2**を入れて全体を混ぜ合わせ、1〜2日おく。

甘糀で漬けると野菜の色が鮮やか。

白菜の甘糀漬け

1/4個で作るお手軽バージョン。塩糀漬けとはまた違ったおいしさです。

材料・作りやすい分量

白菜…1/4個（600g）
塩…12g
甘糀…350g
酒…大さじ1
赤唐がらし…1本

1 白菜は軸のほうを中心に塩をすり込み、ポリ袋に入れ、手でざっともんで30分ほどおく。水けが出たら絞る。

2 鍋に甘糀、酒を入れて火にかけ、一煮立ちさせて冷ます。

3 保存容器に**1**の塩漬けにした白菜と赤唐がらしを入れ、**2**を加え、軽く重しをして1日おく。

4 食べやすく切って器に盛る。

1/4個で手軽に漬ける。漬ける時間は好みで調整。

スイーツに使う

下味に使う

砂糖やはちみつの代わりに甘糀を使用。甘さ控えめで上品な味わい

甘糀シナモントースト

甘糀を塗って
オーブントースターで焼くだけ。
シナモンをふって
アツアツを召し上がれ。

材料・2人分

食パン…2枚
バター…適量
甘糀…適量
シナモンパウダー…適量

1 食パンにバターを塗り、甘糀をのせる。

2 **1**をオーブントースターに入れ、焼き色がつくまで焼く。

3 シナモンパウダーをふる。

甘糀フレンチトースト

いつものフレンチトーストに
甘糀をプラス。
すっきりとした
米だけの甘みです。

材料・2〜3人分
バゲット(3cm厚さのもの)
…6枚
卵液
・卵…2個
・牛乳…カップ3/4
・甘糀…75g
バターまたは
オリーブ油…適量
ブルーベリー…適量
甘糀…少々

1 卵液を作る。ボウルに卵を割りほぐし、牛乳と甘糀を加えて混ぜ合わせる。

2 バットにバゲットを並べ、**1**を注ぎ入れ、ときどき返しながら味をなじませる。

3 フライパンにバターをなじませ、**2**を入れ、両面を焼いておいしそうな焼き色をつける。

4 **3**を器に盛り、ブルーベリーを甘糀であえて添える。

生地に入れる

甘酒を使った「イースト水」で ふっくら、もちもち。 蒸せばまんじゅう、焼けばパン

湯だね甘酒まんじゅう

まんじゅう作りは意外に簡単。甘酒を入れるといつもよりドライイーストの量が減ります。

材料・6個分

強力粉…150g

湯だね
- 薄力粉…18g
- 熱湯(90℃以上)…大さじ1

イースト水
- 甘酒…大さじ2
- 塩糀…小さじ1
- ぬるま湯(38℃)…70mℓ
- ドライイースト…2g

粒あんまたはこしあん…120gくらい

1 湯だねを作る。薄力粉に分量の熱湯を加えて粉っぽさがなくなるまで混ぜる。

2 イースト水を作る。甘酒と塩糀を合わせ、分量のぬるま湯とドライイーストを加えて溶かす。イーストのにおいが甘い香りに変わる。

3 別のボウルに強力粉と**1**を入れて混ぜ、**2**を少しずつ加えて混ぜ、生地が手につかなくなるまで10分を目安にこね、ひとつにまとめる。

4 あんは6等分にして丸める。

5 **3**を打ち粉（分量外）をしたまな板の上に移し、6等分に切り分ける。それぞれ丸くのばし、あんをのせて包む。約38℃で30分ほど発酵させる。温かい場所または蒸し器の中でもよい。

6 蒸し器に入れ、蒸気の立った状態で20分ほど蒸す。火を止めて3分ほど待ち、ふたを開ける。

薄力粉に熱湯を加えて粉っぽさが消えるまで混ぜ、湯だねを作る。

強力粉と湯だねを混ぜ、イースト水を少しずつ加えて混ぜる。

甘酒まんじゅう

甘酒パン

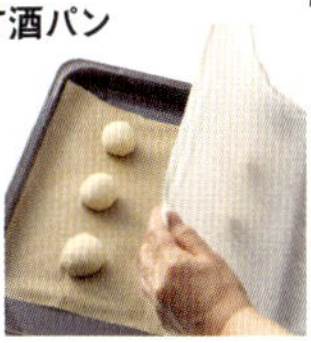

湯だね甘酒パン

生地を力いっぱいこねたり、たたいたりする必要はなし。一次発酵もないから、とっても手軽。

材料・6個分

強力粉…150g

湯だね
- 薄力粉…18g
- 熱湯(90℃以上)…大さじ1

イースト水
- 甘酒…大さじ2
- 塩糀…小さじ1
- ぬるま湯(38℃)…70mℓ
- ドライイースト…2g

1 「湯だね甘酒まんじゅう」の作り方**1**〜**3**を参照して、生地を作る。

2 **1**を打ち粉（分量外）をしたまな板の上に移し、6等分に切り分け、それぞれ丸く成形する。

3 オーブンシートを敷いた天パンに**2**を間隔をあけて並べ、ぬれ布巾をかけて約38℃で30分ほど発酵させる。温かい場所または予熱したオーブンの中でもよい。

4 180℃のオーブンで15分ほど焼く。

スイーツに使う

甘糀も甘酒も
すっきりとした米だけの甘み。
体にやさしいスイーツです

甘糀の豆乳プリン

材料はたった3つだけ。
混ぜてオーブンで
蒸し焼きにする
焼きプリンスタイルです。

材料・5〜6個分

卵…2個
甘糀…150g
豆乳…カップ$\frac{3}{4}$

1 ボウルに卵を割りほぐし、甘糀と豆乳を加えて混ぜる。

2 耐熱性の器に**1**を流し入れる。

3 天パンに**2**を並べ、湯を張り、160℃のオーブンで30分ほど蒸し焼きにする。

4 好みで黒みつやメープルシロップ適量（各分量外）を添える。

甘酒寒天

甘酒の甘みと香りでいただく、夏にぴったりのおやつ。しょうがの絞り汁やレモンの絞り汁を加えても。

材料・作りやすい分量

甘酒…カップ1½
水…カップ1½
粉寒天…4g
黒みつ…適量

1 鍋に分量の水と粉寒天を入れ、よく混ぜてふやかす。

2 1の鍋を火にかけて粉寒天を溶かし、かき混ぜながら弱火で2分ほど煮、甘酒を加えてさらに弱火で2分ほど煮る。

3 鍋底を冷水で冷やし、混ぜながら粗熱をとる。水でぬらした流し缶やお弁当箱などに流し入れ、冷蔵庫に入れて冷やし固める。

4 食べやすい大きさに切り分けて器に盛り、黒みつをかける。

甘酒ドリンクにする

糀+αで甘酒。甘酒+αでひんやりドリンク

糀+残りご飯で甘酒

ちょっぴり残ったご飯と糀でも甘酒が作れます。

材料・2人分
ご飯…150g
水…カップ3/4
糀…100g

1 鍋にご飯と分量の水を入れて火にかけ、ご飯がとろっとするまで煮てお粥を作る。

2 ボウルに移し、P52「甘糀&甘酒を作る」の作り方2～3を参照して甘糀を作る。

3 2の甘糀を約2倍の湯で溶く。

糀+餅で甘酒

お正月などに残った切り餅で甘酒を作ります。とろりとして美味。

材料・2人分
切り餅…150g
湯…カップ3/4
糀…100g

1 餅は一晩水につけ、水けをきって2cm角に切る。

2 鍋に分量の湯を沸かし、1を入れてゆっくりかき混ぜながら煮、形がなくなってとろとろになったら火を止める。

3 ボウルに移し、P52「甘糀&甘酒を作る」の作り方2～3を参照して甘糀を作る。

4 3の甘糀を約2倍の湯で溶く。

糀+かぼちゃで甘酒

かぼちゃの甘みが加わってほっくりとした味わいの甘酒です。

材料・2人分
かぼちゃ…正味150g
水…カップ3/4
糀…100g

1 かぼちゃはさいの目切りにし、分量の水とともに鍋に入れて火にかけ、柔らかくなるまで煮る。火を止めてかぼちゃをつぶす。

2 ボウルに移し、P52「甘糀&甘酒を作る」の作り方2～3を参照して甘糀を作る。

3 2の甘糀を約2倍の湯で溶く。

甘酒ミルク

甘酒＋牛乳ですっきりとした飲み心地。温めてもおいしくいただけます。

材料・2人分
甘酒…カップ1
牛乳…カップ1

1 甘酒と牛乳は混ぜ合わせる。

甘酒フルーツジュース

忙しい朝のビタミン補給に。ブルーベリーの代わりにいちごを使っても。

材料・2人分
バナナ…1本
ブルーベリー…90g
甘酒…カップ1 1/4

1 バナナは小さく切り、ブルーベリー、甘酒とともにミキサーにかける。グラスに注いで氷（分量外）を浮かべる。

甘酒豆乳パイン

甘酒と豆乳も好相性。冷凍パイナップルを使えばスムージーになります。

材料・2人分
パイナップル…150g
豆乳…カップ3/4
甘酒…カップ3/4

1 パイナップルは小さく切り、豆乳、甘酒とともにミキサーにかける。

甘酒焼酎

まろやかな味わいの和風甘酒カクテル。焼酎の量は好みで加減します。

材料・2人分
甘酒…カップ2
焼酎…大さじ2〜3

1 グラスに氷（分量外）と甘酒を入れ、焼酎を加える。

だし糀（ごまだし）を作る

糀屋本店のある大分・佐伯の郷土料理に「ごまだし」があります。

主に魚をほぐしてしょうゆ、みりん、ごまなどを混ぜたもので、うどんのだしやお茶漬けなどに使われています。

このごまだしを、魚を使わずに糀を入れて作ったのが、だし糀。

ごまの風味と糀でまろやかな体にやさしい味。たれやあえ衣に使ったり、だし代わりに使います。

材料・作りやすい分量

糀…100g
炒り白ごま…40g
みそ…10g
しょうゆ…カップ1
酒…小さじ2

1 糀をする

すり鉢に糀を入れ、両手のひらを使ってもみほぐし、パラパラにする。すりこ木でよくすって粉状にし、いったん取り出す。

2 ごまをする

白ごまは軽く炒って香りを出し、すり鉢に入れてよくする。

3 みそを焼く

みそは木べらなどに塗って直火で焼き、焼き色をつけて香ばしさを出す。

4 調味料を一煮立ちさせる

鍋にしょうゆと酒を入れて火にかけ、一煮立ちさせる。

5 全部をすり混ぜる

2のすり鉢に**1**の糀と**3**のみそを加え、**4**を少しずつ加えてなめらかになるまですり混ぜる。冷蔵で6ヵ月ほど保存可。

たれに使う

ごまの風味たっぷりのだし糀をたれとして使います

焼き肉・だし糀だれ

いつもの焼き肉とはまた違ったおいしさ。からめてから焼いてもOK。

材料・2人分

牛カルビ（焼き肉用）…200g
サラダ油…少々
だし糀…適量

1 フライパンにサラダ油を熱し、牛肉を並べ入れて両面を焼く。グリルやグリルパンで焼いてもよい。

2 だし糀をのせて食べる。

蒸し鶏・豆乳だし糀だれ

だし糀に豆乳を加えてのばし、これを鶏肉にかければ、和風バンバンジーのでき上がり！

材料・2人分

鶏胸肉…1枚
塩…少々
酒…大さじ1
きゅうり…1本
豆乳だし糀だれ
・だし糀…大さじ2
・豆乳…適量

1 鶏肉は塩をふり、耐熱皿にのせて酒をまぶし、蒸し器に入れる。蒸気の立った状態で10分ほど蒸し、粗熱がとれたら手でさく。

2 きゅうりは斜め薄切りにしてからせん切りにする。

3 豆乳だし糀だれを作る。だし糀に豆乳を加えてのばす。

4 器にきゅうりを敷いて**1**をのせ、**3**をかける。

冷や奴・だし糀梅だれ

梅肉を加えて
酸っぱさをプラス。
湯豆腐、鍋物のたれにも。

材料・2人分
木綿豆腐…½丁
だし糀梅だれ
・梅干し…大1個
・だし糀…大さじ1

1 だし糀梅だれを作る。梅干しは種を除いて刻み、だし糀に混ぜる。

2 豆腐は半分に切って器に盛り、**1**をかける。

だし糀梅だれそうめん

だし糀梅だれに水を加えると、
うまみたっぷりの
そうめんつゆに。

材料・2人分
そうめん…4束
だし糀梅だれつゆ
・梅干し…大1個
・だし糀…大さじ1
・水…適量

1 だし糀梅だれつゆを作る。梅干しは種を除いて刻み、だし糀と混ぜる。水を加えて好みの濃度にのばす。

2 そうめんはたっぷりの湯でゆで、流水でよく洗い、ざるに上げて水けをきる。**1**のつゆにつけて食べる。

あえ衣に使う

だし糀であえるだけ。野菜がもりもり食べられます

里芋のだし糀あえ

蒸し野菜との相性は抜群。じゃが芋、長芋、カリフラワー……、ほかのホクホク野菜でも試してみてください。

材料・2人分
里芋…3個
だし糀…大さじ½

1 里芋は皮ごと洗って蒸し器に入れ、蒸気の立った状態で竹串がスーッと通るまで蒸す。
2 熱いうちに皮をむき、食べやすい大きさに切る。ボウルに入れ、だし糀を加えてあえる。

オクラのだし糀あえ

味けがなくなりがちなゆで野菜もだし糀のチカラでおいしくいただけます。ごまあえとは一味違います。

材料・2人分
オクラ…8本
だし糀…大さじ½

1 オクラはへたを落とし、塩少々（分量外）をまぶして産毛《うぶげ》を取るようにこする。たっぷりの湯でさっとゆで、冷水にとって水けをきる。
2 食べやすい大きさの斜め切りにし、ボウルに入れ、だし糀を加えてあえる。

ゴーヤのだし糀あえ

生のゴーヤを薄切りにするだけ。ゴーヤのほろ苦さにだし糀のうまみが加わって、クセになるおいしさです。

材料・2人分
ゴーヤ…½本
だし糀…大さじ1

1 ゴーヤは縦半分に切ってスプーンで種とわたをかき取り、ごく薄切りにする。
2 **1**をボウルに入れ、だし糀を加えて手でもむ。

たれに使う
隠し味に使う

ごまの風味と糀で、まろやかな仕上がり。定番人気のご飯物

鯛茶漬け

刺身にだし糀をからめると料亭の味！鯛などの白身魚のほか、あじ、まぐろ、かつおなどでも。だし汁の代わりにお茶をかけてもおいしい。

材料・2人分

鯛（刺身用）…10切れ
だし糀…大さじ2
青ねぎまたは
　長ねぎの青い部分…少々
だし汁…適量
塩、しょうゆ…各少々
ご飯…適量

1 鯛はだし糀をからめる。
2 青ねぎは小口切りにし、水に放して水けをきる。
3 だし汁は温め、塩としょうゆで吸い物程度に味をつける。
4 器にご飯を盛り、**1**を並べて青ねぎをのせる。アツアツの**3**をかける。

シーフードカレーライス

魚介のうまみたっぷりのカレーは我が家の定番。だし糀が隠し味です。

材料・4〜5人分

カレーソース

・にんにくのみじん切り…1かけ分
・しょうがのみじん切り…1かけ分
・玉ねぎのみじん切り…½個分
・トマト水煮(缶詰)…カップ½
・オリーブ油…適量
・水…カップ4
・カレールウ…170〜200g

えび(無頭・殻つき)…8尾
いかの胴…1ぱい分
はまぐり(小)またはあさり…8個
帆立て貝柱…2個
塩糀(あれば)…大さじ1
だし糀…大さじ1〜2
ご飯…適量

1 カレーソースを作る。鍋にオリーブ油を熱してにんにくとしょうがを炒め、香りが立ったら玉ねぎを加えてさらに炒め、トマト水煮をつぶしながら加えて炒め合わせる。

2 分量の水を加え、煮立ったら火を止めてカレールウを加えて溶かす。

3 えびは背わたと殻を取る。いかは輪切りにし、はまぐりは砂出しをする。貝柱は4等分に切る。えび、いか、貝柱は、あれば塩糀をもみ込む。

4 **2**に**3**を加えて少し煮、火が通ったらだし糀を加えて混ぜる。器にご飯を盛ってかける。

だし代わりに使う

飲みたいときに すぐに作れる クイックみそ汁

オクラの冷製みそ汁

だし糀とみそを器に入れて冷水で溶くだけ！暑い夏の時季におすすめです。

材料・2人分

オクラ…4本
だし糀…大さじ½
みそ…大さじ2
冷水…カップ2

1 オクラはへたを落とし、塩少々（分量外）をまぶして産《うぶ》毛《げ》を取るようにこする。小口から薄切りにする。

2 器にだし糀とみそを半量ずつ入れ、分量の冷水を注いでかき混ぜる。オクラを浮かべる。

長ねぎのみそ汁

だし汁いらずだから、とっても手軽。具が長ねぎだけでも十分おいしい！

材料・2人分

長ねぎ…適量
だし糀…大さじ½
みそ…大さじ2
熱湯（90℃以上）…カップ2

1 長ねぎは小口切りにし、太いものは半割りにしてから刻む。

2 お椀にだし糀とみそを半量ずつ入れ、長ねぎを加え、分量の熱湯を注いでかき混ぜる。

お弁当にもおすすめ！

だし糀とみそを合わせて小さい密閉容器に入れ、学校や職場に。マグカップなどに移して熱湯を注げば、即席みそ汁のでき上がり。

だし代わりに使う

だし糀＋水のスープで心も体も温まる簡単鍋

鶏ひき肉に塩糀を加えて鶏団子のたねにする。これで柔らかジューシー。

鶏団子のたねを丸めて鍋に入れていく。柔らかいのでスプーンを使う。

だし糀で味つけ。だし糀はうまみたっぷりなので、味つけはこれだけでOK。

鶏団子のだし糀鍋

はじめは少し薄味に仕立て、味が足りなければ、各自だし糀を加えて調整。水の半量を豆乳にすれば豆乳鍋としても楽しめます。

材料・4人分

鶏団子のたね
・鶏ひき肉…250g
・長ねぎ…1/4本
・塩糀…25g
木綿豆腐…1/2丁
生しいたけ…4枚
白菜…1/4個（600g）
もやし…1袋
水…1ℓ
だし糀…60g

1 鶏団子のたねを作る。ボウルにひき肉と細かく切った長ねぎを入れて混ぜ、塩糀を加えて練り混ぜる。

2 豆腐は大きめの一口大に切り、生しいたけは石づきを取って笠に十字の切り目を入れる。白菜は葉と軸に分け、葉はざく切り、軸は一口大のそぎ切りにする。もやしはひげ根を取る。

3 鍋に分量の水を入れて火にかけ、煮立ってきたら**1**をスプーンなどを使って団子状にして落とし入れ、火を通す。

4 **2**を加えて少し煮、だし糀を溶かし入れる。

5 各自の器に取り分け、好みでだし糀（分量外）を足して食べる。

鍋のあとはチャンポン

具を食べ終わったらチャンポンめんまたは中華蒸しめんを加えて煮る。

糀納豆を作る

糀に納豆としょうゆを組み合わせた、糀づくしの一品。納豆は大粒、小粒、引き割りなど好みのものを使い、にんじん、昆布、ごまなども入れ、常備菜の感覚で仕上げます。和風でありながら斬新な味わいで、納豆特有のにおいを糀がカバー。納豆より日持ちがします。納豆と同様にご飯にのせて食べるほか、めんや野菜と組み合わせます。

材料・作りやすい分量

糀…100g
納豆…120g
にんじん…½本
しょうゆ…大さじ5
酒…大さじ5
塩昆布の細切り…25g
炒り白ごま…40g

1 調味料を煮立て、にんじんを加える

にんじんはせん切りにする。鍋にしょうゆと酒を入れて火にかけ、煮立ったらにんじんを加えてさっと混ぜ、火を止める。

2 糀を加えて混ぜる

糀は両手のひらを使ってもみほぐし、パラパラにしておく。**1**をボウルに移し、糀を混ぜる。

3 納豆と塩昆布を混ぜる

粗熱がとれたら、納豆と塩昆布を加えて混ぜ合わせる。

4 味をなじませる

味がなじんだら白ごまを加えて混ぜる。冷蔵で1ヵ月ほど保存可。

糀納豆

そのまま食べる

糀納豆があれば、おかずいらず。しっかりご飯が食べられます

レタスにご飯と糀納豆をのせ、包んで食べる。

納豆と同様、ご飯にのせる。

大根の上に青じそをおき、糀納豆をのせる。おつまみに。

ご飯と糀納豆をのりで巻いて、手巻きずしの要領で食べる。

お好み手巻きセット

時間のないときや、みんなの集まる食卓に。糀納豆のおいしさをそのままいただきます。

材料・4人分

糀納豆…適量
ご飯…適量
レタス…適量
焼きのり…適量
大根…5㎝
青じそ…10枚

1 レタスは1枚ずつにして洗い、水けを拭く。焼きのりは半分に切る。大根は5㎜厚さの輪切りにし、青じそはさっと洗って水けを拭く。

2 糀納豆、ご飯、**1**をそれぞれ器に盛り、各自好きな組み合わせで食べる。

具に使う

糀＋納豆のパワーで 胃腸の働きを整える一皿ごはん

糀納豆あえめん

昆布やにんじん、ごまの入った糀納豆を
肉みそ感覚で使ったレシピ。
つゆを張って
ぶっかけうどんにしても。

材料・2人分

うどん（細いタイプ）…2玉
糀納豆…大さじ4
青ねぎまたは
　長ねぎの青い部分…適量
卵黄…2個分

1. うどんはゆでてざるに上げ、流水で洗い、水けをきる。
2. 青ねぎは小口切りにし、冷水に放し、水けをきる。
3. 器にうどんを盛り、糀納豆をかけ、卵黄をのせて青ねぎを添える。全体を混ぜて食べる。

糀納豆の焼きめし

時間がないときのお昼ごはんにぴったり。無理なく糀のパワーがいただけます。

材料・2人分

ご飯…茶碗大2杯分
糀納豆…大さじ2
青ねぎまたは
　長ねぎの青い部分…適量
ごま油…少々

1 青ねぎは小口切りにする。
2 フライパンにごま油を熱し、ご飯と糀納豆を入れ、焼き色がつくくらいまでよく炒める。
3 ご飯がパラパラになったら青ねぎを加え、ざっと混ぜ合わせる。

糀＋αで

塩糀、甘糀など、糀にひと手間加えたものを料理に使い回すのが一般的ですが、ここで紹介するのは、生の糀と市販の調味料を合わせただけのストックレシピ。上等な調味料を用意しなくても糀をプラスするだけで、うまみが倍増し、いつもの料理がおいしくなります。大豆と組み合わせて、簡単みその作り方も伝授します。

糀＋酢で、すし酢。いつもの酢がぐっとおいしくなります

簡単ちらしずし

ツンとした酸っぱさがなく、まろやか。たこのほか、えび、焼き鮭、焼きたらこなど身近な素材で気軽に作りましょう。

材料・4人分

糀すし酢(作りやすい分量)
- ・糀…小さじ1
- ・酢…カップ¼
- ・塩…小さじ¼

米…2合
昆布…10㎝
たこの足(刺身用)…2本
きゅうり…1本
卵…2個
かぼすの絞り汁…大さじ½
かぼすの皮のみじん切り…½個分
炒り白ごま…適量

1 糀すし酢を作る。糀はもみほぐし、パラパラにする。容器に入れ、酢と塩を加え、1時間以上おく。

2 米は洗ってざるに上げ、炊飯器に入れる。2の目盛りまで水を注ぎ入れ、昆布をのせて炊く。飯台などに移し、糀すし酢カップ¼強を回し入れてさっくりと混ぜ、粗熱をとる。

3 たこは小さめに刻み、かぼすの絞り汁をまぶす。きゅうり

きゅうりが残ったら薄切りにし、糀すし酢でもんでしんなりさせ、わかめと一緒に酢の物に。

パラパラにした糀に塩と酢を加える。

このまま1時間おいて糀すし酢のでき上がり。

ご飯に糀すし酢を回しかけて混ぜる。酢と同じ使い方。

は1cm角に切る。卵は割りほぐし、油をひかずに鍋に入れ、箸でかき混ぜながら炒り卵を作る。

4 **2**に**3**を加えて混ぜ合わせ、かぼすの皮、白ごまをふる。

糀＋みそで、糀みそ漬け。
つけ込む必要はなく、からめるだけです

豚肉ソテー&もやし炒め

糀みそ漬けの素を水でのばし、豚肉に塗るだけ。基本の割合は、豚肉の重量の1/3量の糀みそ漬けの素を用意し、さらにその1/3量の水でのばします。

材料・2人分

糀みそ漬けの素（作りやすい分量）

・糀…15g
・みそ…75g

水…25〜30ml
豚薄切り肉（しょうが焼き用）…240g
もやし…1/2袋
サラダ油…少々

1 糀みそ漬けの素を作る。糀は両手のひらを使ってもみほぐし、パラパラにする。みそと混ぜ合わせ、容器に入れて1時間以上おく。

2 糀みそ漬けの素80gは分量の水を加えてのばす。

3 バットに豚肉を1枚ずつ広げ、全体に**2**を塗り、冷蔵庫で1時間ほどつける。

4 **3**の豚肉はたれを軽くぬぐって取り出す。もやしはひげ根を取り、バットに入れて残ったたれをからめる。

5 フライパンにサラダ油を熱して豚肉を並べ入れ、両面を焼き、器に取り出す。

6 **5**のフライパンにもやしを入れて炒め、豚肉に添える。

パラパラにした糀をみそに加えて混ぜ合わせる。

この状態で1時間以上おく。みそは信州みそ系、赤みそ系、好みでよい。

糀みそ漬けの素を水でのばし、豚肉に塗る。ポリ袋に入れて手でもんでもよい。

豚肉をつけたあとのたれをもやしにからめ、こちらも炒めてつけ合わせにする。

糀＋しょうゆで、手作り糀しょうゆ。おいしいしょうゆ漬けが作れます

野菜の糀しょうゆ漬け

ひとつはにら、もうひとつはにんじんときゅうりをつけ込みます。しっかりつかっているけれど、まろやかな味わい。

材料・作りやすい分量

糀しょうゆ
・糀…30g
・しょうゆ…240mℓ
にら…½束
にんじん…1本
きゅうり…2本

1 糀しょうゆを作る。糀は両手のひらを使ってもみほぐし、パラパラにする。しょうゆと合わせて容器に入れ、2週間ほどおく。

2 にらは細かく切り、容器に入れ、**1**の⅓量を注ぐ。

3 きゅうりは縞目に皮をむき、にんじんは縦半分に切り、容器に入れて残りの**1**を注ぐ。それぞれ半日ほどつける。

にらの糀しょうゆ漬けはご飯にのせたり、そのままおつまみに。

にんじんときゅうりの糀しょうゆ漬けは、食べやすい大きさに切ってそのまま食卓へ。

糀＋しょうゆ＋みそで、ご飯の友。糀の香りを楽しみます

材料・作りやすい分量

糀…カップ1/2
しょうが…1 1/2かけ
しょうゆ…カップ1/2
みそ…30g

1 糀は両手のひらを使ってもみほぐし、パラパラにする。

2 しょうがはみじん切りにする。

3 **1**、**2**、しょうゆ、みそを混ぜ合わせ、容器に入れて5日ほどおく。好みでみょうがの小口切り、赤唐がらしの小口切り、炒り大豆（各分量外）などを加えてもよい。

しょんしょん漬け

しょんしょん漬けは九州地方の定番料理。糀を使って簡単に作れます。ご飯やお茶漬けのほか、豆腐にのせたり、野菜にかけても。

糀＋大豆で、自家製みそ。1kgを作る手軽なレシピです

十五夜みそ

市販の蒸し大豆やゆで大豆を使って15日間で仕上げます。だから十五夜みそ。塩分は8%と低いので1カ月ほどで食べきるようにします。

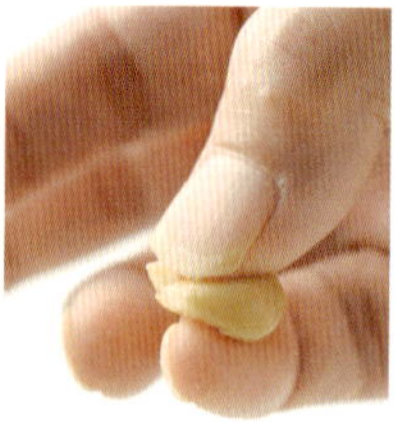

大豆は、指ではさむとつぶれるくらいになるまで柔らかくゆでる。

ポリ袋などに入れ、手のひらなどで押して大豆をつぶす。

糀、塩と合わせて、もむようにしてよく混ぜ合わせる。

容器に移して平らにし、みそを仕込む。漬物容器、密閉容器などを用いるとよい。

材料・1kg分

糀…500g
蒸し大豆または
ゆで大豆…200g
塩…60g

1 糀は両手のひらを使ってもみほぐし、パラパラにする。

2 鍋に蒸し大豆を入れて水をひたひたに注ぎ、10分ほどゆでる。指ではさむとつぶれるくらいに柔らかくなったら、ざるに上げて水けをきる。

3 温かいうちにポリ袋などに入れてつぶし、**1**の糀、塩と混ぜ合わせる。

4 容器に入れて平らにし、常温に15日ほどおく。

料理索引

肉の料理

魚介・練り製品の料理

厚揚げ・豆腐の料理

野菜の料理

糀屋本店の商品が買えます

上／大分県産の米を使い、
昔ながらの手法を守って作られた、
「糀屋本店」の米糀。
下／本書で紹介した「甘糀」「甘酒」「塩糀」
「だし糀」「こうじ納豆」も購入可。
http://www.saikikoujiya.com/

浅利妙峰《あさりみょうほう》

「糀屋本店」の長女として生まれ育ち、現在、8代目の父、9代目見習いの息子とともに、日々糀作りに励む、こうじ屋ウーマン。日本の調味料「さ(砂糖)・し(塩)・す(酢)・せ(しょうゆ)・そ(みそ)」を糀を使って作りたいと発心。「塩糀」のみならず、「甘糀」「だし糀」「糀納豆」を使った普段使いのレシピを考案し、好評を博している。糀ブームの火付け役でもある。

ブックデザイン／羽賀ゆかり
撮影／青砥茂樹(本社写真部)
スタイリング／久保原惠理
構成・編集／松原京子

講談社のお料理BOOK
ひとさじで料亭《りょうてい》の味《あじ》！
魔法《まほう》の糀《こうじ》レシピ

2011年12月17日　第1刷発行
2012年 2 月15日　第5刷発行

著者／浅《あさ》利《り》妙峰《みょうほう》

発行者／鈴木 哲
発行所／株式会社 講談社
〒112-8001 東京都文京区音羽2-12-21
電話　編集部／03-5395-3527
販売部／03-5395-3625
業務部／03-5395-3615
印刷所／日本写真印刷株式会社
製本所／株式会社国宝社

ISBN978-4-06-299547-4

緑と水に囲まれ、海の幸、山の幸が豊富な大分県佐伯市。「糀屋本店」はこの市の中心にあり、かつてこの地域の物流拠点でもあった場所に位置する。

「糀屋本店」

佐伯藩の船頭衆として活躍した時代を経て、初代吉右衛門信義が糀屋を開業したのは、元禄2年(1689年)。創業320年以上の歴史をもつ老舗糀屋。糀室の天井はお殿様の船を解体した材料を使った太い梁、足下は積み荷場の面影を残す石畳。道をはさんだ向かい側の建物では、糀料理講習会も開催。